Bâtir une équipe
performante et motivée

Éditions d'Organisation
Groupe Eyrolles
61, bd Saint-Germain
75240 Paris cedex 05

www.editions-organisation.com
www.editions-eyrolles.com

© Groupe Eyrolles, 2007
ISBN : 978-2-212-53791-8

COLLECTION MODE PROJET

Ramez Cayatte

Bâtir une équipe performante et motivée

EYROLLES

Éditions d'Organisation

Dans la même collection, dirigée par Ramez Cayatte :

Paul-Hubert des Mesnards, *Réussir l'analyse des besoins*

Gérard Rodach, *Gérer son temps et ses priorités*

Sommaire

Introduction

Pourquoi les projets ont-ils tendance à échouer ?

Les maladies qui frappent les projets sont multiples : spécifications à géométrie variable, sous-évaluation patente des charges, utilisateurs non consultés, ressources inadéquates… La majorité de ces troubles ont souvent les mêmes causes : un déficit de management (au niveau du sponsor[1] ou du chef de projet) et une équipe projet inadaptée ou non motivée.

C'est dire que la réussite du projet repose avant tout sur des hommes, sur leur motivation et leur détermination à aller jusqu'au bout, dans le respect des fonctions, des délais et des coûts prévus, afin naturellement de satisfaire l'initiateur et les bénéficiaires du projet.

Ce livre se propose de partager avec vous dix bonnes pratiques pour construire une équipe projet et la motiver dans la durée. S'appuyant sur l'expérience vécue, ces pratiques ont comme but de répondre à quelques questions simples, mais essentielles :

- Quels types de talents et de comportements réunir au sein d'une équipe pour qu'elle soit la plus efficace possible ?

- Comment clarifier les « règles du jeu », motiver les membres de son équipe et leurs responsables hiérarchiques afin de garantir un fonctionnement harmonieux du projet ?

- Comment agencer le projet (lancement, rites et rythmes, gestion des crises) et anticiper au mieux les difficultés ?

---

1. Initiateur du projet.

Notre cadre de référence sera la situation, classique dans la plupart des entreprises, dans laquelle il est demandé à un collaborateur ou à un manager d'organiser et de piloter un projet en plus de ses activités.

Le chef de projet est donc confronté à une sorte de dissociation : il doit réussir à atteindre, dans un temps donné, à la fois les objectifs de son poste et ceux de son projet.

Mission impossible ? Pas obligatoirement ! Quelques étapes liminaires vous permettront de baliser le projet et de vous préparer à faire face aux inévitables remous.

Énergie et motivation du chef de projet… et donc de l'équipe

Chaque membre d'une équipe projet recherche la satisfaction de ses besoins et la réalisation de ses aspirations : un travail valorisant et stimulant, une reconnaissance de ses mérites et des relations de confiance avec le responsable du projet. Tout bon chef de projet aura donc à cœur de répondre aux attentes de ses équipiers.

Ce n'est toutefois pas suffisant. Pour motiver les autres, il est indispensable d'être soi-même motivé. En tant que chef de projet, vous devez donc être capable de transmettre l'énergie[1] indispensable à l'action de votre équipe par tous les temps. Sans motivation, pas d'énergie individuelle, et sans énergie individuelle, pas d'énergie collective !

Par ailleurs, tous les projets ont tendance à « déraper » dans le temps. Lors du lancement d'un projet, vous ne pouvez avoir qu'une seule certitude : l'équipe connaîtra des difficultés (tout du long), des crises (parfois) et des moments de découragement (souvent).

---

1. Énergie, du grec *energeia* (de *en*, dans et *ergon*, action) : la force en action, la puissance.

Selon la loi dite de Patry[1] : « Si tu prévois que quelque chose ira mal et que tu prends toutes les précautions requises, quelque chose d'autre ira mal. »

Voilà pourquoi vous devez posséder une solide résistance à l'échec et à la frustration, beaucoup d'optimisme et une énergie à toute épreuve !

Le succès est au bout du projet

Rien ne remplace l'expérience vécue ; c'est dans l'épreuve que nous nous forgeons un caractère, et qu'une équipe se soude. Quand s'approche enfin l'échéance tant attendue, alors que toutes les difficultés ont été surmontées et que les résultats se concrétisent, il faut là encore redoubler d'énergie.

Or nous ressentons plus souvent le syndrome de l'écurie : après une très longue route, nous relâchons notre attention dans les derniers kilomètres et commettons des fautes de conduite. Plus que jamais, l'équipe doit rester mobilisée, un surcroît d'énergie étant indispensable pour terminer en beauté.

Tout cela est bien sûr plus facile à dire qu'à faire. Le management d'un projet n'est pas une science mais un art, ô combien difficile ! La condition *sine qua non* du succès est une équipe qui reste performante et motivée tout au long du projet.

1. Corollaire de la loi de Murphy (loi de la tartine beurrée).

Autodiagnostic à l'usage du futur chef de projet

Indiquez dans le tableau suivant si vous êtes en accord avec les affirmations proposées.

N°	Points critiques	Tout à fait d'accord	Plutôt d'accord	Plutôt en opposition
1	Les objectifs stratégiques et opérationnels du projet sont clairs, et je peux facilement les énoncer.			
2	Le projet a un sponsor qui m'a missionné de manière formelle et qui en a informé les managers concernés.			
3	J'ai identifié la taille optimale de l'équipe projet et les profils professionnels requis.			
4	J'ai analysé les différents comportements nécessaires à l'efficacité de l'équipe et repéré des personnes correspondant à ces profils.			
5	J'ai formalisé les objectifs généraux du projet et les ai déclinés en contributions attendues de la part de chaque participant.			
6	Je sais comment motiver chacun des membres pressentis ainsi que leurs managers, afin que ces derniers prennent en compte le projet (temps passé et résultats) dans les objectifs qu'ils vont fixer à leurs collaborateurs.			
7	J'ai prévu une réunion de contractualisation au cours de laquelle nous définirons nos droits et obligations réciproques, dans le consensus.			
8	J'ai défini le référentiel du fonctionnement en mode projet : réunions de chantier, séminaires de fin de phase, communication, revues et audits à la demande.			
9	Je me suis préparé à affronter les difficultés inhérentes à tout projet dans lequel les participants ne sont investis qu'à temps partiel (conflits de priorités à gérer).			
10	Je déborde d'énergie, persuadé de la réussite du projet malgré les premières difficultés qui s'annoncent, et je maintiendrai le cap contre vents et marées.			

Comptez ensuite les points : + 5 points par réponse de type « Tout à fait d'accord », + 2 points pour « Plutôt d'accord » et – 2 points pour « Plutôt en opposition ».

Si vous avez au total :

-   entre 40 et 50 points, vous êtes normalement paré pour réussir le projet ;

-   entre 30 et 39 points, transformez vite vos présomptions en certitudes ;

-   moins de 30 points, négociez un délai supplémentaire avant de vous engager.

Baliser le cadre du projet

De la même manière qu'il est dangereux d'embarquer pour une navigation au long cours sans ravitailler son bateau, il est très risqué de se lancer dans un projet sans un minimum de précautions.

Histoire vécue

Romain travaille dans une entreprise européenne de télécommunications (voix, données, Internet). Il l'a rejointe à l'issue d'un stage de six mois, réalisé à la fin de ses études d'ingénieur télécoms.

Ingénieur d'affaires depuis plus de trois ans, il s'occupe de développer l'activité de la société auprès de grands clients internationaux. Ses résultats sont excellents et réguliers : ses objectifs sont toujours dépassés, alors qu'ils augmentent de 30 % chaque année.

En ce mois de juin, alors qu'il a déjà atteint ses objectifs annuels, il vient de conclure un superbe projet chez son plus important client. Contrairement à toute attente, Romain est morose une fois l'événement fêté, estimant que ses mérites ne sont pas suffisamment reconnus. Il pense avoir « fait le tour » de son métier actuel et souhaite manager une équipe, au plus tard en fin d'année.

Avant son départ en vacances, son manager Olivier, qui connaît ses attentes et son impatience, lui annonce qu'une mission de confiance lui sera attribuée à la rentrée. Il pourra ainsi tester sa capacité à animer une équipe.

Dès son retour, Romain se précipite chez son manager. Celui-ci lui confirme qu'il va animer un groupe travaillant en mode projet. L'objectif est de définir, pour les commerciaux, un plan de commissions comprenant les nouveaux services d'intégration qui seront proposés aux clients au début de l'année suivante.

Cette orientation doit être confirmée fin août par le quartier général européen. Romain est ravi, et comme il est entreprenant, il se met sans plus attendre en quête de sa future équipe (mieux vaut anticiper pour pouvoir démarrer très vite le moment venu). Il définit son plan d'action et le met immédiatement en œuvre.

- Premièrement : s'assurer de la neutralité bienveillante des managers de chacune des cinq agences d'Île-de-France et de province. La solution : repérer dans chaque agence deux ou trois ingénieurs d'affaires performants et reconnus comme leaders (aussitôt dit, aussitôt fait !).
- Deuxièmement : approcher les candidats et les motiver à participer au groupe de travail, en faisant valoir la visibilité qui sera donnée aux membres de cette équipe. Cet objectif est atteint, avec un noyau de cinq inconditionnels.
- Troisièmement : organiser une réunion informelle pour échanger sur le projet et déterminer les premiers axes de travail. La date de la rencontre est fixée dans la dernière semaine du mois d'août.

C'est alors que le manager de Romain reçoit deux appels téléphoniques.

Le premier émane de son collègue de Lyon. Celui-ci est furieux de découvrir, sans en avoir été informé par le directeur commercial, qu'un groupe de travail va débuter sur le nouveau plan de commissions et que son meilleur ingénieur d'affaires est « embarqué » sans qu'il ait donné son accord. Olivier lui répond que rien n'est encore officialisé, et que le chef de projet pressenti s'est lancé un peu vite sans le prévenir.

Le second appel provient du directeur commercial, qui annonce que le nouveau plan de commissions sera finalement européen, et donc que le besoin d'une équipe projet locale n'est plus à l'ordre du jour. Il précise que Romain étant bilingue, il pourra toutefois participer au groupe de travail européen s'il le souhaite.

Le processus initié par Romain est vite interrompu. Le jeune homme est très frustré, et son manager a beaucoup de mal à lui remonter le moral.

« Ne te laisse pas décourager, lui dit-il. Cela n'enlève rien à ton potentiel. Néanmoins la prochaine fois, attends avant d'agir que le projet soit
officiel. Rien ne sert de courir ; il faut partir à point[1] ! »

_____ **Les questions-clés** _____

Romain aurait dû se poser trois questions simples avant de constituer son
équipe tête baissée :

?   Qui est le véritable responsable du projet ?

?   La mission est-elle officialisée ?

?   Une étude préalable a-t-elle été réalisée ?

Tout projet doit avoir un propriétaire

Le propriétaire d'un projet, appelé aussi *sponsor* ou *commanditaire*, est
en général un membre de la direction concerné par le projet, qui a
l'autorité nécessaire pour :

- définir le contenu et le périmètre du projet ;
- missionner un chef de projet légitime, volontaire et motivé ;
- allouer les ressources requises, en termes de compétences et de
  budget.

Il s'agit souvent du directeur de la fonction la plus concernée par le
projet, prêt à engager des ressources humaines et financières pour en
retirer des bénéfices (en efficacité et en productivité).

Ses responsabilités sont d'abord d'organiser le projet en définissant :

- un niveau de décision (lui-même, assisté d'un comité de pilotage) ;
- un niveau de réalisation (le chef de projet et son équipe) ;
- un niveau de validation (un panel d'utilisateurs).

Il devra ensuite missionner une équipe, lancer le projet, contrôler
son bon déroulement, accompagner le changement, prononcer la
recette, autoriser la mise en œuvre et clore le projet en procédant à
son évaluation, sur les plans quantitatif et qualitatif.

---

1.   La Fontaine, *Le lièvre et la tortue, Fables.*

Enfin, il sera amené à prendre des décisions majeures tout au long de la vie du projet, au rythme des comités de pilotage. Ainsi, il prononcera le passage d'une phase à une autre en donnant *quitus* et arbitrera les conflits de ressources. Il peut même décider de décaler la date de fin prévue, ou de tout arrêter si les circonstances l'exigent (un projet mal parti n'aboutira jamais !).

Tout projet doit être officialisé

Un projet significatif se décide en comité de direction, à l'instigation du propriétaire du projet. Celui-ci présente le projet et annonce les raisons pour lesquelles il recommande de le lancer, en précisant les modalités prévues, les coûts estimés et les bénéfices attendus.

Une fois la décision prise de réaliser le projet, il faut organiser la diffusion de l'information auprès de la ligne de management, qui la transmettra ou non, selon la nature du projet et son niveau de confidentialité. Les principaux moyens utilisés sont la lettre de mission documentée, la présentation démultipliable[1] et l'organe de presse interne de la société, le cas échéant.

La lettre de mission comportera les éléments suivants :

* le contenu du projet (de quoi s'agit-il ?) ;
* les acteurs et les bénéficiaires du projet (qui est impliqué ?) ;
* les raisons du projet (pourquoi le réalise-t-on ?) ;
* le ou les lieux concernés, le site pilote et le déploiement (où cela va-t-il se passer ?) ;
* le planning prévu (quand le projet va-t-il commencer et se terminer ?) ;
* les modalités, soit les phases, les étapes et les jalons (comment cela va-t-il se dérouler ?) ;
* les coûts estimés et les bénéfices attendus (combien cela va-t-il coûter, combien cela va-t-il rapporter et en combien de temps ?).

---

1. Qui peut facilement être multipliée pour être diffusée.

La présentation démultipliable, destinée au management, reprendra ces thèmes sous une forme communicante (par exemple grâce au logiciel Powerpoint®). Elle sera accompagnée si possible d'une version papier (une page par planche) et d'une liste de questions-réponses identifiées au préalable en petit comité.

L'information *via* l'organe de presse interne de la société sera réservée aux projets importants. Synthétique et informatif, l'article publié évitera soigneusement l'emphase et la « surcommunication ».

Tout projet doit faire l'objet d'une étude préalable

Il est impératif de s'assurer qu'une étude préalable a été réalisée. Celle-ci comporte toujours trois volets : une expression formalisée du besoin, base du projet ; une étude d'opportunité et une étude de faisabilité intégrant une analyse des risques.

L'expression du besoin

Elle détaille le contenu de la lettre de mission et est donc structurée de la même manière. Pour être efficace, mieux vaut éviter les longs développements et se limiter au minimum sur tous les plans :

- sur le fond, en se concentrant sur les fonctions essentielles. Attention à ne pas confondre *besoins* et *solutions*, maladie chronique lorsque l'expression du besoin n'émane pas d'un utilisateur-clé du domaine concerné ;

- sur la forme, en s'en tenant à deux ou trois pages structurées. Le langage utilisé sera celui de l'utilisateur et non celui de l'expert (comme c'est parfois le cas dans les projets d'informatisation), et le style sera précis, concret et synthétique (« ce qui se conçoit bien s'énonce clairement[1] »).

---

1. *L'art poétique*, Nicolas Boileau.

L'étude d'opportunité

Cette étude a pour but de répondre aux questions suivantes : est-il opportun de réaliser ce projet ? Et si oui, pourquoi ? Elle comportera toujours un rationnel[1] (cette rigueur n'exclut pas une décision basée *in fine* sur l'intime conviction du décideur).

Si le projet concerne la création et le lancement d'un nouveau produit, l'étude d'opportunité reprendra les grandes lignes de l'étude de marché :

* chiffre d'affaires, volume et marge prévus sur un horizon de trois à cinq ans ;
* compte d'exploitation prévisionnel sur le même horizon, avec une hypothèse basse (souvent la plus réaliste), une hypothèse moyenne (supposée raisonnable) et une hypothèse haute (pour faire rêver !), sans oublier le retour sur investissement ;
* maturité du marché (nouveau, en croissance, de renouvellement, en déclin) ;
* principaux concurrents, actuels et potentiels (les nouveaux entrants) ;
* tarification minimale, optimale, maximale.

Cette étude qualifie aussi l'opportunité (majeure, moyenne ou faible), identifie les risques à ne pas entreprendre un tel projet et formule une recommandation qui engage son auteur.

Une fois les chiffres de base définis, il convient de minorer les résultats attendus et de majorer les délais de réalisation prévus, pour se rapprocher de la réalité !

L'étude de faisabilité

Cette étude répond aux questions suivantes : peut-on réaliser ce projet ? Et si oui, pourquoi et avec quelles conséquences ?

---

1. Raisonnement chiffré conduisant à la décision de réaliser le projet.

L'étude de faisabilité doit donc permettre :

- d'évaluer la capacité de l'entreprise à réaliser le projet à un coût acceptable et dans un délai raisonnable, avec les ressources internes ou externes, le cas échéant ;
- d'identifier les impacts du projet au niveau de l'organisation, des processus et des règles de gestion, des ressources, de l'approche du marché ;
- de préciser et de mesurer les risques du projet, en termes de gravité et d'occurrence, en définissant les actions préventives de nature à diminuer leur occurrence ou leur impact.

Les leçons de l'expérience

La préparation d'un projet est une phase primordiale. Il est donc nécessaire de mettre le projet sous contrôle en s'assurant que certains prérequis sont respectés. Si le projet a un propriétaire, a été officialisé et a fait l'objet d'une étude préalable, alors, et alors seulement, vous pourrez vous mettre en quête de votre future équipe.

Trois écueils à éviter

Accepter un projet au périmètre trop vaste ou imprécis
Plus le cadre du projet est flou, plus les chances de
« déraper » sont grandes.

Faire preuve d'optimisme à propos des délais, des coûts et des bénéfices attendus
La propension naturelle d'un projet est de se déformer
pour prendre plus de temps et coûter plus cher que
prévu.

Passer trop rapidement sur l'analyse des risques et décréter que le projet est sûr
Aucun projet n'est sûr, pourtant nous avons toujours du
mal à identifier le pire, car nous le rejetons inconsciem-
ment.

Trois conseils à méditer

Assurez-vous de l'adhésion du propriétaire du projet et du management concerné.
Sans leur soutien explicite, l'entreprise est vouée à
l'échec.

Consacrez suffisamment de temps à la préparation du projet pour en gagner par la suite.
Nous faisons généralement l'inverse, d'où les fins de
projet bâclées.

Provisionnez largement les ressources si le projet est critique.
Ne sous-estimez pas les difficultés dues aux ressources internes indisponibles ou aux sous-traitants
défaillants !

Check-list avant envol : les quatre cadrans

Cochez dans les cadrans ci-dessous les cases correspondant aux affirmations qui s'appliquent à votre projet.

Cadran n° 1 DÉFINITION DES BESOINS		Cadran n° 2 ÉTUDE D'OPPORTUNITÉ	
Les objectifs et les enjeux du projet sont formalisés et me semblent réalistes.	☐	Une étude d'opportunité a été réalisée.	☐
Le périmètre du projet est clairement défini.	☐	Les résultats de cette étude ont été validés par la direction générale.	☐
Je dispose des informations nécessaires pour comprendre le besoin et je suis capable de le reformuler.	☐	J'ai rencontré des utilisateurs de ce besoin.	☐
L'intérêt du projet est clair, pour le sponsor comme pour les utilisateurs.	☐	Il est opportun de réaliser ce projet maintenant.	☐
Une étude de l'existant a été réalisée.	☐	Les hypothèses qui ont servi de base au projet sont vérifiables.	☐
Les contraintes et les écueils sont bien identifiés.	☐	Le projet ne donne pas lieu à des enjeux de pouvoir.	☐
Une structure de décision a été mise en place (sponsor, comité de pilotage, instances).	☐	Les risques qu'il y aurait à ne pas entreprendre un tel projet sont suffisamment documentés.	☐
Le projet est considéré comme prioritaire par la direction générale, qui l'appuie.	☐	L'environnement du projet, interne et externe, est favorable à sa réalisation.	☐

Cadran n° 3 ÉTUDE DE FAISABILITÉ		Cadran n° 4 ORGANISATION DU PROJET	
Un cahier des charges synthétique a été réalisé, et je l'ai compris.	☐	En tant que chef de projet pressenti, je suis volontaire et motivé.	☐
Une analyse des risques est disponible.	☐	Une structure de projet a été définie (phases, étapes, livrables et jalons).	☐
Le rédacteur de l'analyse des risques est à même de justifier chacun des points de son évaluation.	☐	Les compétences requises (internes ou externes) sont disponibles.	☐
Les risques évalués ne sont ni sous-estimés ni surestimés.	☐	Les managers hiérarchiques concernés sont d'accord sur la mise à disposition des ressources.	☐
Les impacts de chaque item sont clairement identifiés.	☐	Un planning de référence a été élaboré.	☐
Les commentaires mettent en évidence le risque majeur du projet.	☐	Les parties prenantes adhèrent toutes au planning sans objection de fond.	☐
La prise de décision peut intervenir sur la base des éléments fournis dans le dossier.	☐	Les obligations de résultat ont été analysées et approuvées.	☐

Si toutes les cases sont cochées, le projet est sur les rails.

Si seules certaines cases ne sont pas cochées, mieux vaut chercher à obtenir des précisions complémentaires.

Si enfin la plupart des cases ne sont pas cochées, il est préférable de ne pas lancer le projet.

PRATIQUE N° 2

Associer les talents requis

Vous avez vérifié que la phase de préparation du projet avait été correctement menée. Tel un chef d'orchestre qui recrute différents instrumentistes pour que soit représentée toute la palette des harmonies, vous allez définir les talents et compétences nécessaires pour composer une équipe efficace.

Histoire vécue

Arnaud travaille dans une grande entreprise du secteur agroalimentaire, à la direction du marketing où il est chef de produit « Laitages et dérivés ».

La nouvelle équipe de direction générale, en place depuis quelques mois, décide de privilégier l'innovation pour développer ses parts de marché dans toutes les lignes de produits. Pour ce faire, elle a recours à un conseil en innovation, qui organise trois « sessions intensives de créativité » avec des groupes transverses. Les objectifs sont les suivants :

- réalimenter le portefeuille des produits à moyen et long terme ;
- identifier au maximum trois produits innovants à mettre sur le marché à court ou moyen terme (de neuf à douze mois) ;
- contribuer à la « fertilisation » croisée des équipes et donner du sens à la nouvelle stratégie convenue.

Parmi toutes les idées produites lors de ces sessions, certaines sont sélectionnées puis validées par le comité de direction, et sept projets ou produits sont lancés. Un chef de projet responsable est missionné pour chacun. Arnaud se voit ainsi confier le projet « T-Ball » et reçoit la fiche concept suivante.

Ligne de produits Laitages	Fiche concept T-Ball	Références LPD 29/03

Principe
Un yaourt aromatisé aux fruits, contenu dans un emballage cartonné en forme de balle, avec une entaille cruciforme permettant la consommation à l'aide d'une paille rigide.

Description : de quoi s'agit-il ?

Contenu
Yaourt aromatisé à cinq parfums différents (fraise, framboise, banane, vanille et chocolat)

Contenant
Balle en carton, de la taille d'une balle de tennis, constituée de deux parties :

• le corps, représentant les trois quarts de la sphère, dans lequel est injecté le yaourt *via* une ligne automatisée de remplissage ;

• le couvercle, percé d'une entaille cruciforme recouverte par un opercule (pastille plastique détachable assurant l'étanchéité).

Une des pailles rigides fournies dans le packaging cylindrique servira à percer l'entaille cruciforme, une fois l'opercule enlevé. Le corps et le couvercle de la sphère sont thermocollés.

Packaging final
Cylindre de plastique translucide, qui contient cinq balles d'un parfum différent et cinq pailles rigides. Il peut être réutilisé, après usage, pour y transporter des balles de tennis.

Description : qui est concerné ?

Cible consommateurs
Enfants de cinq à douze ans

Moments et usages
À toute heure et en tous lieux, et spécialement au petit-déjeuner et aux « goûters » de 10 h 30 et de 16 heures

Bénéfices consommateurs
Facile à transporter, ludique, innovant (aucun équivalent à ce jour)

Pourquoi ? Les raisons d'y croire
La population cible souhaite retrouver à l'école ou en déplacement un goûter agréable, dans un emballage pratique et amusant.
Les dernières études quantitatives et qualitatives montrent que la consommation de yaourts aux fruits est freinée par l'usage actuel des petits pots, peu pratiques à transporter et à utiliser.
Un jeu concours sur le thème du tennis, doté de nombreux prix, sera organisé au moment du lancement du produit, lors des championnats internationaux de Roland Garros.

Quand et comment ?
Estimation du déroulement du projet
Préétude : 1 mois
Développement : 3 mois
Industrialisation : 6 mois
Lancement : 2 mois
Point critique
Fabrication automatisée des balles (faisabilité et durée)

Avantages	Inconvénients	Observations
Il s'agit d'une innovation de rupture. Le thème du sport renforce le bénéfice diététique du yaourt. Les enfants de l'âge visé sont les prescripteurs de la famille.	Des investissements sont requis pour adapter la ligne de remplissage et automatiser la fabrication des balles.	La concurrence semble s'activer sur un concept voisin.

Arnaud est l'un des plus fervents partisans du concept. Depuis qu'il a rejoint l'entreprise, frais émoulu de son école de commerce cinq ans auparavant, il a rapidement fait ses preuves comme chef de produit junior, puis comme responsable d'une ligne de produits depuis près d'un an.

C'est un battant, que le travail n'effraie pas. En parallèle de son activité principale, il encadre une équipe composée de trois chefs de produit junior et de deux stagiaires en fin d'études.

Il s'est engagé personnellement devant le directeur général, qui préside le comité produits, à réaliser la préétude (intérêt et faisabilité) du projet T-Ball avant trois semaines. Le livrable principal est une maquette réalisée en laboratoire qu'il se fait fort d'obtenir. Il constitue donc le noyau de son équipe projet au galop, en choisissant :

• René, l'un des chefs de produit junior dont il est le manager ;
• Bruno, un commercial chargé des grandes enseignes nationales ;
• Sophie, son contrôleur de gestion habituel.

Tous travaillent comme lui au siège, situé à Bordeaux, alors que l'usine principale et le service de packaging se trouvent à Hagondange, dans l'est du pays.

Voilà le hic ! Cette usine, reprise par le groupe, est très difficile d'accès, et Arnaud n'a aucune envie d'enchaîner les allers-retours. Son esprit créatif lui fournit très rapidement la solution : il va détacher pendant deux semaines Philippe, le stagiaire nouvellement arrivé, auprès du chef du service packaging à Hagondange. Philippe assurera ainsi une présence sur place et, en liaison téléphonique permanente avec Arnaud, fera progresser l'étude de faisabilité dans les délais prévus.

Une conférence téléphonique rassemblant Philippe et l'ensemble de l'équipe donne le coup d'envoi du projet. Un point formel est prévu toutes les semaines, le lundi matin à 11 heures, dans le bureau d'Arnaud.

Et le projet commence… à déraper ! À Hagondange, Philippe se retrouve dans un univers qui lui est totalement étranger : cadre et rythme de travail, jargon, habitudes… Il fait de son mieux pour réaliser l'étude, en s'appuyant sur un ingénieur des méthodes chargé de le piloter dans l'usine.

Malgré ses efforts louables et les réunions multiples, rien n'aboutit. Même si la ligne automatisée de remplissage peut être adaptée au nouveau contenant, la fabrication des balles s'avère beaucoup plus complexe que prévue. Une sous-traitance est possible, mais l'acheteur spécialisé est en vacances pour deux semaines, n'ayant pas été sollicité au départ. Il paraît alors plus sage d'attendre son retour pour organiser une journée de travail à Hagondange, avec tous les acteurs concernés.

____ Les questions-clés ____

Arnaud a attaqué sans réfléchir la première phase du projet. Il aurait pu mettre toutes les chances de son côté s'il s'était demandé, avant de se lancer :

? Quelles sont les compétences requises dès le début du projet ?

? Quelles sont les fonctions critiques et à quel moment ?

? Comment concilier efficacité et dispersion géographique ?

Disponibilité immédiate

Dans tous les cas de figure et pour tous les projets, il est impératif que l'ensemble des compétences requises par la suite soient disponibles dès le départ. En effet, un individu qui ne se sent pas impliqué dans un projet ne s'y intéressera pas et n'entreprendra aucune action pour le mener à bien. Il est donc indispensable d'anticiper.

À titre d'illustration, reprenons le cas du projet *T-Ball*. Quelles sont les fonctions concernées lors du lancement de ce projet ? Toutes le sont, dans le cas présent, mais bien évidemment à des degrés divers :

- le marketing porte le projet et définit tout d'abord le produit, le marché et sa segmentation, le prix de lancement, le volume et le chiffre d'affaires prévus, le thème du lancement et les actions requises (promotion et publicité) ;
- la recherche et développement réalise ensuite l'étude de faisabilité du produit projeté, avant de définir et de produire une maquette ;
- l'usine doit être associée à la réalisation de la maquette, qui implique l'intervention de différents spécialistes (méthodes, lignes de fabrication et packaging). Pour le packaging en l'occurrence, il faut décider de le réaliser en interne ou de le sous-traiter ;
- les achats, en étroite liaison avec les spécialistes usine, et en s'appuyant sur les volumes prévisionnels définis par le marketing, identifient les sources d'approvisionnement, évaluent les coûts des fournitures à partir d'une base de référence et recensent les sous-traitants susceptibles de produire le packaging ;
- les finances constituent une fonction pivot du projet tout au long de sa vie : d'abord pour le chiffrage et le financement des investissements, en liaison avec l'usine et les achats (une fois l'étude de faisabilité effectuée et l'autorisation de lancer la réalisation obtenue), puis pour la fixation des hypothèses de prix et les simulations, et enfin pour l'élaboration du compte d'exploitation prévisionnel ;
- la promotion et la publicité sont deux éléments-clés du lancement d'un nouveau produit dans le domaine de la grande consomma-

tion. Il faudra en effet concevoir le cahier des charges des campagnes prévues (le *brief*), consulter les prestataires et en choisir un en liaison avec le chef de projet et l'acheteur, et enfin superviser la réalisation des campagnes et piloter leur mise en œuvre. Même si ces interventions ont lieu lors du lancement du produit, la promotion et la publicité doivent être associées à toutes les étapes du projet ;

- le commercial, qui représente la voix du terrain et des clients, donne son avis tout au long du projet. Il est chargé de sélectionner les « clients tests » avant le lancement du produit, de les motiver et de faire prendre en compte en interne leurs avis et recommandations. Enfin, il contribue à définir les plans spécifiques d'incitation et de motivation des commerciaux ;
- les ressources humaines, l'informatique et la qualité peuvent intervenir dès le début du projet, en particulier s'il implique des modifications des postes de travail ou des processus et s'il a un impact sur le système d'information de l'entreprise (ce n'est pas le cas ici). Là aussi, il est souhaitable d'associer ces fonctions support au projet dès le début.

Les fonctions critiques selon l'avancement

Les fonctions critiques d'un projet dépendent de sa nature et de son avancement. Examinons chaque phase du projet *T-Ball* choisi comme exemple (conception d'un produit de grande consommation).

En phase de préétude et de développement, les fonctions critiques sont celles qui concourent à la réalisation de la maquette créée en laboratoire, puis du produit pilote, c'est-à-dire essentiellement la recherche et développement, la fabrication et le packaging.

En phase d'industrialisation, ce sont celles qui participent à la réalisation du produit industriel, soit les achats, la fabrication, les finances et la qualité.

En phase de lancement, il s'agit de celles qui contribuent à la réalisation du produit commercial : la fabrication, la publicité et la promotion, ainsi que le commercial.

Projet de conception d'un produit de grande consommation

Phase 1	Phase 2	Phase 3	Phase 4	Phase 5
Préétude	Développement	Industrialisation	Lancement	Bilan
Maquette	Produit pilote	Produit industriel	Produit commercial	Évaluation
Étude de la faisabilité du projet Analyse des risques	Organisation du projet et allocation des ressources Réalisation des cahiers des charges (produit et emballage) Étude des outils de production	Mix[1] élaboré et testé Sélection des fournisseurs Rédaction du dossier d'investissement	Réalisation des supports publicitaires et promotionnels Lancement des fabrications Lancement commercial	Bilan des performances attendues par rapport aux performances réelles Actions correctrices Clôture du projet

1. Ensemble cohérent des décisions relatives aux politiques de produit (profondeur et largeur de la gamme…), de prix (prix acceptable, niveau de rentabilité…), de distribution (réseau et canaux de vente, positionnement commercial…) et de communication (publicité, promotion, relations publiques…).

Efficace malgré la dispersion géographique

Nous soulevons là un vrai problème… qui n'a pas de solution dans l'absolu.

Revenons à notre exemple, qui se situe dans le contexte suivant :

- la majorité des acteurs du projet sont basés au siège (à Bordeaux) ;
- les fonctions critiques lors des trois premières phases du projet se trouvent à l'usine (à Hagondange, lieu difficile d'accès depuis Bordeaux) ;
- le chef de projet comme la majorité de l'équipe travaillent à temps partiel sur le projet.

Comment dans ces conditions animer correctement l'équipe projet ? Est-il possible de manager à distance en utilisant exclusivement les nouvelles technologies de l'information et de la communication (NTIC) ? Peut-on se passer d'aller sur le terrain et de réunir physiquement son équipe ? Et comment faire lorsqu'on pilote un projet ou deux, en plus du management d'une équipe ?

L'expérience et le bon sens montrent qu'il faut à la fois se rendre sur le terrain, organiser une réunion périodique de toute l'équipe, employer les outils technologiques et « industrialiser » ses processus personnels.

Vous ne pourrez mobiliser une équipe sur le projet ni donner du sens à son action que si vous la réunissez physiquement à intervalles réguliers (alternez les lieux de rencontre sur les différents sites).

En complément, vous utiliserez de manière sélective les outils technologiques, en vous adaptant parfaitement au besoin :

- le téléphone, en relation à deux ou en conférence à plusieurs, pour discuter d'un sujet précis ;
- la messagerie, pour les rapports d'avancement périodiques, les transferts de fichiers et les messages brefs ;
- la vidéoconférence ou la webconférence, si les sites et les postes de travail sont équipés en conséquence, pour partager des documents sur le projet ;
- la messagerie instantanée, pour envoyer des signaux conviviaux.

Enfin, vous ne pourrez éviter de mettre en place une organisation rigoureuse de votre temps[1] et de vos activités : utilisation de formats types (rapports, comptes rendus…), structuration précise des journées et de la semaine, pilotage d'une main de fer des sollicitations non liées au projet…

Vous voilà soumis à un vaste programme !

Les leçons de l'expérience

La constitution de l'équipe projet est sur le chemin critique du succès. Le chef de projet veillera donc à ce qu'un représentant qualifié de chacune des fonctions requises par la suite intègre son équipe. Ce représentant sera à la fois le contributeur de sa fonction et l'ambassadeur du projet auprès de ses pairs.

---

1. Pour vous y aider, consultez l'ouvrage *Gérer son temps et ses priorités* de Gérard Rodach, paru dans la même collection.

Trois écueils à éviter

Imaginer qu'un chef de projet peut l'être « par procuration »
Commencez par passer du temps avec chaque partici-pant au projet, afin de le mettre en confiance et de faire connaissance.

Organiser des réunions de projet à géométrie variable, rassemblant rarement les mêmes participants
Vous auriez ainsi l'assurance que chacun n'aura qu'une vision partielle – partiale ? – du projet.

Utiliser exclusivement les NTIC pour piloter le projet
Rien ne remplace le contact physique lorsqu'il faut con-vaincre.

Trois conseils à méditer

Assurez-vous de la légitimité de chaque membre de l'équipe vis-à-vis de son unité.
Cela vous rassurera, tout en garantissant l'efficacité du collaborateur au sein du projet.

Allez sur le terrain pour rencontrer chacun sur son lieu de travail.
Mieux vaut aller à la rencontre des autres sur leur ter-rain plutôt que de les faire venir au siège.

Réunissez régulièrement toute l'équipe.
Alternez les lieux de rencontre sur les différents sites.

Matrice des talents

Service	Savoirs et savoir-faire
Achats	Rechercher les fournisseurs et les sous-traitants Rédiger les appels d'offres et sélectionner le mieux-disant Négocier et passer les marchés
Commercial	Identifier les attentes et les besoins des clients (*B to B*)[1] Sélectionner les « clients tests » avant le lancement et les motiver Définir les plans d'incitation et de motivation des commerciaux
Fabrication	Concevoir et réaliser le packaging Adapter les lignes de fabrication à la production requise Réaliser les maquettes, les prototypes et les produits industriels
Finances	Définir les hypothèses de prix du produit et de ses variantes Évaluer et chiffrer les ressources requises (hommes et budgets) Établir le compte d'exploitation prévisionnel et contrôler le budget
Informatique	Étudier, réaliser et mettre en œuvre les nouvelles applications Procéder aux adaptations du système d'information et de gestion Évaluer les ressources requises, les contraintes et les délais
Marketing	Définir les besoins du marché (*B to C*)[2] Réaliser les études quantitatives et qualitatives nécessaires Analyser les tendances et les produits similaires des concurrents
Promotion, publicité	Concevoir et faire réaliser les outils de promotion (totems, affiches) Définir les campagnes de publicité et piloter leur exécution Choisir les événements qui marqueront le lancement et superviser leur déroulement
Qualité	Élaborer des processus pour supprimer ou réduire les dysfonctionnements Les mettre en œuvre dans le consensus Mesurer leurs résultats et les améliorer de manière continue
Recherche et développement	Concevoir les nouveaux produits, en liaison avec le marketing (maquettes) Valider leur faisabilité Assurer la veille technologique : produits, services et processus
Ressources humaines	Définir les évolutions ou l'adaptation des métiers actuels Concevoir les cursus de formation nécessaires et organiser leur mise en œuvre Prévoir un plan d'accompagnement du changement

1. B to B : business to business, c'est-à-dire les relations entre sociétés.
2. B to C : business to consumers, c'est-à-dire les relations entre la société et les consommateurs finaux.

Équilibrer les comportements

Nous l'avons vu, une équipe projet doit être constituée de talents différents pour que soit représentée toute la gamme des métiers et des compétences. Cependant, elle doit aussi être formée de comportements complémentaires.

Histoire vécue

Chef de projet informatique, Rémi travaille dans un grand laboratoire pharmaceutique régional, une entreprise familiale très innovante depuis sa création. Il s'est vu confier un avant-projet de mise en place d'un progiciel gérant la relation clients, à l'initiative de la direction des systèmes d'information dont il relève.

Les populations cibles de ce progiciel sont les commerciaux, les professionnels du marketing et de la communication, ainsi que leur management. Rémi a comme mission aujourd'hui de constituer un panel d'utilisateurs-clés, afin qu'ils :

- choisissent parmi les multiples options proposées par le progiciel les plus pertinentes par rapport aux besoins exprimés ;
- s'approprient le fonctionnement de l'outil et étudient ainsi ses futurs impacts sur le travail au quotidien des diverses populations concernées ;

- recommandent les changements à effectuer pour faciliter son utilisation.

Rémi commence par rencontrer séparément le directeur commercial et le directeur marketing et communication, afin de leur présenter la solution projetée et d'obtenir leur accord pour la création d'un panel de validation.

Les deux entrevues sont rapides. Chaque responsable donne des noms et précise qu'il va informer ses collaborateurs du projet. Rémi est ravi de cette efficacité, il dispose maintenant des coordonnées de douze personnes (sept commerciaux, trois collaborateurs du marketing et deux de la communication).

Il laisse passer quarante-huit heures et envoie à chacun des membres du panel ainsi constitué un message de convocation à une réunion de lancement. Il propose deux dates à un horizon de deux semaines et joint à son e-mail le programme de la séance :

- 09 h 00-10 h 45 - Gestion de la relation client : quoi, pourquoi, comment ?
- 11 h 00-12 h 45 - Analyse et choix des options possibles
- 14 h 15-16 h 00 - Recommandations (changements à réaliser)
- 16 h 15-17 h 30 - Synthèse et plan d'action

Une semaine plus tard, il n'a reçu aucune réponse, malgré une relance par messagerie au bout de cinq jours.

Il décide alors de joindre chaque membre du panel par téléphone et réussit finalement, à grand-peine, à convaincre sept personnes de venir (quatre commerciaux, deux collaborateurs du marketing et un de la communication).

Rémi prépare alors avec soin cette réunion capitale. Ce garçon à l'esprit très analytique, qui réfléchit avant de s'exprimer, ne laisse rien au hasard. Néanmoins, s'il est rigoureux, organisé, méthodique et rationnel, il n'est pas très communicant.

Le jour de la réunion, il est présent dans la salle dès 8 h 15. Il aère la pièce, allume les différents postes de travail qui sont en réseau, installe le vidéoprojecteur et teste sa présentation. À 8 h 45, tout est prêt pour accueillir les participants.

9 heures : personne n'est là...

9 h 15 : c'est toujours le *statu quo*...

Rémi se décide alors à appeler chacune des personnes attendues. Le résultat est très frustrant : quatre d'entre elles sont sur répondeur, deux lui répondent qu'elles sont en route et la dernière, qui avait oublié leur rendez-vous, promet de rejoindre le groupe dès que possible.

Ce n'est qu'à 10 heures que Rémi commence... avec seulement cinq personnes. Faisant contre mauvaise fortune bon cœur, il se concentre sur son sujet avec application et expose les premiers éléments de sa présentation dans un silence relatif.

Sur un lapsus malheureux, les objections fusent de toutes parts dans une aimable anarchie, chacun renchérissant sur son voisin :

*   « C'est beaucoup trop lourd pour des gens qui sont sur le terrain ! » ;
*   « Nous sommes là pour vendre, pas pour nous transformer en informaticiens ! » ;
*   « Pourquoi faire simple quand on peut faire très compliqué ? » ;
*   « Nos tableurs actuels font parfaitement l'affaire, et nous y sommes habitués... ».

Rémi ne maîtrise plus la réunion. L'un des participants se lève, va au tableau et lance un débat sur le thème « Les raisons de ne pas faire ce projet ». Tous quittent leur siège et s'agglutinent autour du dissident, chacun essayant d'imposer son avis.

Notre malheureux chef de projet essaie de reprendre le contrôle du groupe sans y parvenir. L'humeur tourne à la franche rigolade. Les idées les plus folles fusent dans tous les sens. Après quelques tentatives infructueuses pour poursuivre la réunion selon le plan prévu, un constat s'impose : le « panel » ne veut pas aller plus loin et réclame un arbitrage de la direction.

Lorsque deux commerciaux, dont l'instigateur du débat, prétextent un « déjeuner avec un client » et quittent la réunion, celle-ci tourne court. Il est tout juste midi. Les trois autres participants, un peu gênés, prodiguent alors quelques paroles réconfortantes à Rémi et prennent congé en l'assurant de leur disponibilité pour une prochaine rencontre, « une fois le projet mieux calé ».

_____ Les questions-clés _____

Rémi a demandé aux directeurs concernés par le projet des noms de collaborateurs pour constituer le panel d'utilisateurs-clés dont il a grand besoin. Il aurait pu toutefois les guider dans leur choix, s'il s'était auparavant demandé :

? Quels sont les types de comportements requis pour bien fonctionner en groupe ?

? Quels sont les comportements dominants de la cible, et comment
   s'adapter à eux ?

? Comment vérifier la représentativité d'un panel ?

Diversité obligatoire !

Choisir des profils comportementaux similaires pour constituer un
groupe ne contribue pas à le rendre plus efficace, qu'il s'agisse de
composer un panel de validation ou une équipe projet. La diversité
des comportements doit être privilégiée. Source d'enrichissement,
elle permet de mieux aborder toutes les facettes d'un projet. Encore
faut-il que les participants s'acceptent, et que le chef de projet sache
exploiter au mieux les possibilités de chacun…

Revenons au cas de Rémi. Une réflexion préalable menée avec le
management concerné (le sien et celui des utilisateurs cibles) aurait
permis de définir un cahier des charges minimum portant sur les
comportements souhaités pour un tel panel.

Ces comportements peuvent appartenir à quatre catégories, résumées
par un adjectif-clé : directif, expansif, consensuel ou analytique.
Leurs caractéristiques sont présentées dans le tableau ci-dessous.

	Comportement			
	Directif	Expansif	Consensuel	Analytique
Actions	Résolues, fondées sur le raisonnement et l'intime conviction	Spontanées, fondées sur l'intuition et le plaisir	Prudentes, fondées sur le soutien des autres	Réfléchies, fondées sur des faits, des chiffres et des références
Démarche	Visionnaire mais pragmatique sur le court terme	Rapide, animée, avec une approche globale	Progressive, qui privilégie le partage et l'adhésion	Méthodique, rigoureuse, avec une approche pas à pas
Type de communication privilégié	Documents de synthèse, limités à l'essentiel	Communications verbale et paraverbale	Écoute active, questionnement, reformulation	Dossiers précis, formalisés et documentés

Rémi n'a pas pensé à tenir compte du comportement des individus pour constituer son panel. Il n'a pas non plus pris le temps de rencontrer les personnes pressenties avant la réunion. En conséquence, il s'est retrouvé avec un groupe composé de profils du deuxième type *(expansif)*, manquant cruellement de réflexion structurée et de rigueur.

Face aux comportements dominants

Étudions tout d'abord le cas des commerciaux, catégorie « dominante » dans la réunion de Rémi. Leur profil comportemental diffère en fonction :

- de la nature de l'offre qu'ils proposent (produits, services, projets) ;
- du type de relation qu'ils entretiennent avec leurs clients (face-à-face ou téléphone, prospection, gestion de petits clients ou développement de grands comptes, animation de réseaux de partenaires, etc.).

En ce qui concerne le laboratoire pharmaceutique dans lequel travaille Rémi, les commerciaux démarchent en face à face les médecins installés en ville ou travaillant en milieu hospitalier, afin de les informer sur les produits qu'ils proposent. Ils présentent aussi les manifestations organisées pour partager l'information sur certaines pathologies (colloques, voyages d'étude, séminaires…). La finalité de ces visites est que les médecins prescrivent de préférence à leurs patients les médicaments du laboratoire, plutôt que ceux des concurrents.

Ces commerciaux habitent dans le secteur géographique qu'ils couvrent. Ils travaillent depuis leur domicile, et prennent leurs rendez-vous par téléphone en fonction de tournées préétablies. Chaque jour, ils ont un quota de visites à réaliser. Ils doivent aussi remonter périodiquement des informations sur les médecins rencontrés et sur le résultat de leurs entrevues.

Leur recrutement s'effectue sur la base d'un profil de poste prédéfini, qui privilégie un certain nombre de comportements attendus pour réussir dans cette fonction, en termes :

- de savoir-faire : une bonne aptitude à la communication (l'art d'expliquer), à la vente (l'art de convaincre) et à la séduction (l'art de plaire) ;
- de savoir-être : une solide résistance face à l'échec et à la frustration, du dynamisme, de l'empathie et de la créativité.

Par ailleurs, les commerciaux ont souvent une perception flexible du temps, un activisme qui les amène à « sauter » d'une activité à l'autre et un tempérament très extraverti (les conduisant par exemple à réfléchir en parlant, quitte à revenir sur ce qu'ils viennent de dire). Ils sont souvent du type expansif.

Connaissant les comportements dominants de son groupe, comment Rémi aurait-il pu s'adapter à eux et atteindre les objectifs fixés ? S'il n'existe pas de solution unique, les actions suivantes auraient toutefois pu être menées de manière plus profitable.

À la place de Rémi, vous auriez pu commencer par présenter les grandes lignes du besoin et de la solution en session plénière lors d'une réunion d'unité, en présence du management précédemment informé et motivé. Vous auriez ensuite organisé trois réunions d'une demi-journée par petits groupes de représentants de la cible, afin de recueillir les premiers avis. Enfin, vous auriez constitué un panel de sept personnes issues des groupes précédents, dont un manager « première ligne[1] », en équilibrant raisonnablement les profils opposés (par exemple, analytique et expansif, ou directif et consensuel).

Enfin, en tant qu'animateur de la réunion, vous auriez été à la fois :

- directif sur la forme de la séance (objectifs et résultat attendus, règles du jeu, respect des horaires, respect des autres et participation active de chacun) ;

---

1. Qui encadre des collaborateurs non managers (commerciaux, techniciens…). Par opposition, un manager « deuxième ligne » encadre des managers.

* non directif sur le fond (fonctions à privilégier, étude d'impact, changements à effectuer). Vous auriez pu cependant partager votre expérience de projets similaires.

Un tel comportement requiert, entre autres qualités, un réel savoir-faire d'animation de groupe.

Veiller à la représentativité du panel

Lors de la constitution d'un panel, il est intéressant de partir des besoins afin de définir les comportements à privilégier. Dans le cas de Rémi, les trois missions du panel sont les suivantes :

* la première est de choisir, parmi les multiples options proposées par le progiciel, les plus pertinentes par rapport aux besoins exprimés. Le comportement dominant le plus utile est alors la créativité du type expansif, tempérée par la rigueur du type analytique ;
* la deuxième consiste à s'approprier le fonctionnement de l'outil et à étudier ses impacts sur les processus et sur le travail au quotidien des populations cibles. Le comportement dominant le plus intéressant ici est la recherche de l'adhésion du type consensuel, soutenu par l'esprit de décision du type directif ;
* la troisième est la recommandation des changements à effectuer pour faciliter l'usage du progiciel par les utilisateurs. Le comportement dominant le plus précieux est le savoir-faire du type directif.

Nous constatons donc – et le bon sens aurait pu nous le souffler – que le panel doit comprendre plusieurs types de comportements. Cet équilibre est une garantie majeure de l'efficacité d'un groupe, quel qu'il soit.

Dans la population qui constitue le panel de Rémi, il sera facile de trouver des comportements de type expansif (principalement parmi les commerciaux) et de type consensuel (parmi les professionnels du marketing ou de la communication). En revanche, les comportements de type directif et analytique seront moins évidents à dénicher (d'où la présence souhaitable d'un manager ayant le profil directif).

Le repérage des comportements se fait avec l'aide des managers concernés, et grâce à l'observation, suite aux rencontres préalables avec les participants pressentis. En effet, tout nous trahit : nos attitudes et nos postures, nos gestes, les micro-expressions de notre visage, les mots que nous employons et nos réactions lors d'une discussion. Une observation attentive vous permettra ainsi de poser un premier « diagnostic » (aidez-vous de l'outil *Le carré d'as : repères* proposé en fin de pratique).

Par ailleurs, le panel retenu doit être représentatif. Vous saurez vous appuyer pour cela sur le management, afin que le panel définitif soit reconnu comme légitime par l'ensemble des futurs utilisateurs concernés.

Les leçons de l'expérience

Lors de la constitution de l'équipe projet, vous devez veiller à équilibrer les types de comportements existants. Cette répartition cohérente est une garantie du bon fonctionnement du groupe et l'assurance d'une meilleure prise en main du projet. Dans le cas particulier d'un panel travaillant sur un produit ou un service, il est primordial de s'assurer de la « légitimité » des personnes choisies et de leur représentativité par rapport aux futurs utilisateurs.

Trois écueils à éviter

Constituer une équipe à l'image de ses propres comportements dominants
Vous vous priveriez d'approches complémentaires, utiles pour analyser et résoudre les problèmes.

Estimer que c'est aux membres de l'équipe de s'adapter à son propre comportement
Vous devez faire preuve de flexibilité comportementale, et vous adapter à chacun des membres de votre équipe.

Privilégier la rigueur au détriment de la communication
Les deux sont aussi importants l'un que l'autre.

Trois conseils à méditer

Tous les profils (directif, expansif, consensuel et analytique) doivent être représentés.
Cet équilibre accentue l'efficacité du groupe et contribue à son fonctionnement harmonieux.

Observez et écoutez vos équipiers pour repérer les comportements dominants.
Vous devriez rapidement vous faire une opinion, car nous nous trahissons en permanence.

Tenez compte des comportements identifiés pour attribuer les responsabilités.
Pour résoudre un problème épineux, constituez par exemple un binôme associant des profils analytique et créatif.

Le carré d'as : repères

Ayez toujours un carré d'as dans votre équipe projet !

AS DE PIQUE : PROFIL ANALYTIQUE	AS DE CARREAU : PROFIL DIRECTIF
Corps Posture stricte et contrôlée	**Corps** Posture ferme
Ton Peu d'inflexions, de variations	**Ton** Sûr de soi, direct, « confrontant »
Rythme Lent, réfléchi	**Rythme** Rapide, force dans l'intonation
Attitude Tourné vers les faits Formaliste, conformiste Systématique, logique Se concentre sur la discussion Partage peu ses sentiments	**Attitude** Affirme plus qu'il ne questionne Parle plus qu'il n'écoute « Carré », va droit au fait S'exprime énergiquement Peu tolérant
Mots Les faits, les chiffres Éprouvé, sans risque Analyse Références, garanties Essais, contrôles	**Mots** Gagner Objectifs, résultats Challenge, défi Efficacité, performance Maintenant

AS DE CŒUR : PROFIL CONSENSUEL	**AS DE TRÈFLE : PROFIL EXPANSIF**
Corps Posture bienveillante	**Corps** Posture détendue, décontractée
Ton Peu d'inflexions, de variations	**Ton** Modulé, vivant, théâtral
Rythme Lent, posé	**Rythme** Rapide, beaucoup de gestes
Attitude Écoute plus qu'il ne parle Garde ses opinions pour lui Réservé Peu de communication verbale Compréhensif	**Attitude** Raconte des histoires Partage ses sentiments Exprime ses opinions Dévie la conversation Perception flexible du temps
Mots Pas à pas, progressif Aider, accompagner Partage, cohésion Promesse, engagement Accord, consensus	**Mots** Amusant Passionnant Je ressens Créer une relation Reconnaissance

Motiver les candidats pressentis

Après avoir repéré les candidats avec l'aide des managers concernés, vous devez les rencontrer pour faire leur connaissance, les informer, vérifier leur niveau d'adhésion et, éventuellement, les motiver.

Histoire vécue

Laura vient d'être recrutée dans un grand groupe d'assurances à vocation européenne, après une expérience de cinq ans dans la petite filiale assurance d'un groupe bancaire.

Elle prend la tête d'un nouveau service créé pour concevoir, annoncer et promouvoir de nouvelles offres destinées à des segments de clientèle spécifiques, réputés « à potentiel ». Si elle a l'expérience du sujet, elle découvre une entreprise très structurée, beaucoup plus importante que celle dans laquelle elle travaillait, avec de multiples implantations en France et en Europe.

L'une de ses premières responsabilités consiste à orchestrer le lancement d'une offre destinée aux indépendants (les « solos »), population qui se développe beaucoup depuis quelques années et dont les besoins sont très spécifiques.

L'offre baptisée « Sol'Assur » comporte les volets suivants :

*   un tronc commun de garanties professionnelles indissociables (pré-voyance, retraite, assurance-décès, responsabilité civile profes-sionnelle et assistance juridique en cas de litige) ;
*   des modules optionnels complémentaires (mutuelle, rente éducation pour les enfants en cas de décès, multirisques individuelle compre-nant les assurances habitation, voiture, et défense recours[1]).

Afin d'inciter les indépendants à souscrire un maximum de garanties, le prix global est prévu pour être de plus en plus attractif au fur et à mesure de l'ajout de modules optionnels au contrat.

Le lancement est prévu sous trois mois. Laura doit le préparer, en adap-tant la communication aux besoins de la cible, avec l'aide d'une équipe composée de représentants des agents généraux. Idéalement, cette équipe devrait comporter deux à trois représentants par direction régionale, soit un groupe de vingt-quatre à trente participants, ce qui n'est pas manageable. Une autre possibilité consiste à ne choisir qu'un représentant relais par site régional, qui transmettra l'information en amont et en aval.

C'est la solution que Laura retient : elle constitue un groupe de douze personnes (deux représentants pour l'Île-de-France et un pour chacune des dix directions régionales). Elle a maintenant l'intention de rencon-trer chaque membre de cette équipe afin de les motiver.

Or elle est peu disponible actuellement, car elle a fort à faire par ailleurs avec deux autres projets très prenants, dont un particulière-ment difficile à gérer. Elle décide donc de rencontrer chez eux les représentants de la région Île-de-France et ceux dont les sites sont à une heure de train de Paris (Lille, Orléans, Tours). Ainsi, elle ne consa-cre qu'une demi-journée à chaque déplacement.

Avec les sept autres personnes concernées (les plus éloignées), Laura opte pour l'envoi d'informations par messagerie et la planification d'un entretien téléphonique, complété par un compte rendu formalisant les propositions faites au cours de l'échange.

La jeune femme est satisfaite de pouvoir ainsi réaliser une prise de contact suffisamment approfondie sans perdre de temps.

---

1. Assistance d'un avocat en cas de litige porté devant un tribunal, suite à un dommage causé à un tiers.

Les entretiens sur site se passent bien dans l'ensemble, à une exception près (le rendez-vous est décalé à deux reprises, puis annulé au profit d'un entretien téléphonique préparé).

Entrevues rapides centrées sur l'essentiel ou longues discussions à propos de points mineurs, les entretiens téléphoniques rencontrent des succès inégaux. Néanmoins l'objectif, qui était d'avoir un contact individuel suffisant avec chacun, est atteint, et le niveau de motivation perçu est jugé satisfaisant. Laura peut maintenant organiser la réunion de lancement du projet.

Ce jour-là, par un malheureux concours de circonstances, deux des quatre équipiers rencontrés sur leur site en face à face manquent à l'appel ! En revanche, tous les autres sont présents à l'heure dite.

La réunion commence par un tour de table approfondi, lors duquel les participants se présentent en précisant leur parcours professionnel, leurs responsabilités actuelles, leurs attentes et leur probable contribution au projet. C'est l'occasion pour Laura de constater une très grande hétérogénéité quant aux avis de l'équipe sur l'organisation à adopter :

* trois des participants estiment qu'ils ne sont là qu'à titre d'experts, pour évaluer la méthode et les outils marketing qui seront fournis lors du lancement. Ils ne pensent pas participer à leur conception et imaginent que leur intervention sera ponctuelle ;
* cinq autres, qui viennent en grande majorité des sites les plus éloignés de la capitale, recommandent des réunions de travail courtes et ciblées en vidéoconférence, à raison d'une séance par semaine ;
* les trois derniers — tous situés à une heure de train de Paris – sont partants pour des réunions classiques au siège.

Après une longue discussion, et en l'absence de compromis satisfaisant, l'équipe convient de missionner le dernier trio pour développer méthode et outils. Ces derniers seront enrichis et validés lors de vidéoconférences organisées tous les quinze jours. Ce faisant, Laura risque d'avoir du mal à respecter les délais qu'elle s'est engagée à tenir...

──── **Les questions-clés** ────────────────────────

Laura aurait dû se méfier d'une solution apparemment logique et raisonnable. Avant de lancer le processus, elle aurait pu s'interroger sur divers points :

? Comment s'assurer de la disponibilité et de la motivation de chacun ?

?   Peut-on mesurer cette motivation, et si oui comment ?

?   Sur quels registres jouer pour développer la motivation individuelle ?

Un face-à-face indispensable

En tant que chef de projet, il est évident que vous devez passer au moins deux heures avec chaque membre pressenti en face à face. Une fois la prise de contact réalisée, vous pourrez poser un certain nombre de questions pour mieux connaître votre interlocuteur et vous faire de lui une opinion :

- A-t-il déjà travaillé en mode projet ? Dans l'affirmative, sur quel type de projet, quand, et dans quelles circonstances ? Quelles étaient ses missions ?
- Perçoit-il ce projet comme une opportunité pour son unité ou comme une contrainte ?
- Est-il intéressé par ce projet, et désireux de collaborer, ou sa participation lui a-t-elle été imposée ?
- Comment va-t-il recueillir les besoins des utilisateurs des sites excentrés ? A-t-il réfléchi à une approche, et si oui laquelle : mini-enquête par messagerie, entretiens avec les collègues concernés, réunion d'un petit groupe de réflexion local ?
- Une fois le projet lancé, comment va-t-il relayer l'information, aussi bien vis-à-vis de ses collègues que des managers intéressés : rapports réguliers, réunions de groupe, entretiens avec les managers ?
- Quel temps estime-t-il pouvoir consacrer au projet : un jour par semaine, deux jours par mois, plus ?
- Est-ce compatible avec sa charge de travail actuelle ? Des conflits de priorité sont-ils prévisibles ?
- Quel intérêt majeur y voit-il : pour lui personnellement, pour son unité, pour l'entreprise ?
- Quels bénéfices souhaite-t-il en retirer à titre personnel ? Est-ce un « plus » dans le déroulement de sa carrière ?
- Si d'autres projets se présentent, serait-il intéressé pour y participer à nouveau ?

Naturellement, ne donnez pas l'impression de mener un interrogatoire en règle, à l'issue duquel une décision sera prise.

Vous reviendrez d'abord sur les enjeux et le contenu du projet, pour vous assurer de leur bonne compréhension et répondre aux questions, souvent pertinentes. Puis vous aborderez simplement chacune des questions proposées ci-dessus, en étant à l'écoute de votre futur équipier et des signaux complémentaires qu'il « émet » (mots, intonations, gestes, attitudes et postures). Enfin vous aurez soin de montrer votre « valeur ajoutée » sur les thèmes qui suscitent le plus d'interrogations.

20/20 en motivation

À l'issue des premiers entretiens, vous aurez un début de conviction sur le niveau de motivation et l'implication de votre futur équipier.

Comment mesurer cette motivation ? À défaut d'une meilleure méthode – si elle existe –, le plus simple est d'évaluer les réponses des candidats en leur attribuant une note chiffrée de 1 à 4, et de tolaliser les points obtenus.

Question	1 point	2 points	3 points	4 points
Expérience des projets	Aucune	Oui (petit projet)	Oui (projet très significatif)	Plusieurs
Présentation du projet par le manager hiérarchique	Non présenté	Perçu globalement comme une opportunité	Perçu comme une opportunité pour le candidat	Perçu comme une opportunité pour l'unité
Intérêt pour le projet	Aucun	Faible	Significatif	Majeur
Manière de recueillir les besoins	Ne se sent pas concerné	Ne sait pas, mais verra plus tard	Par une enquête très simple	Par l'ensemble des moyens
Manière de relayer l'information	Ne se sent pas concerné	Ne sait pas, mais verra plus tard	Rapports formels réguliers	Rapports formels et entretiens
Temps disponible	Aucun	Un jour par mois	Deux jours par mois	Le temps qui sera nécessaire
Compatibilité avec la charge de travail	Aucune	Faible	Bonne	En fait son affaire
Intérêt majeur perçu, pour lui et son unité	Aucun	Faible	Significatif	Majeur
Bénéfices perçus à titre personnel	Aucun	Faibles	Significatifs	Majeurs
Intérêt pour d'autres projets dans le futur	Aucun	Faible	Significatif	Majeur

Si le total des points est :
- inférieur à 10 : vous êtes face à une erreur de « casting » ! Trouvez vite un autre candidat, dans cette unité ou dans une autre ;
- compris entre 11 et 20 : méfiance, le niveau de motivation du candidat est trop faible par rapport aux attentes ;
- compris entre 21 et 30 : la personne est une recrue pour le projet, mais il faudra l'aider et la motiver ;
- compris entre 31 et 40 : vous tenez un membre de votre équipe !

Malheureusement, un chef de projet choisit rarement tous les membres de son équipe. Si un réel manque d'implication se fait sentir, une solution envisageable consiste à « réduire la voilure », ou à constituer – si c'est possible – une équipe projet plus réduite, mais avec un bon niveau de motivation.

Développer la motivation individuelle

Dès que vous aurez pu évaluer le niveau de motivation et d'implication de chacun, il vous faudra faire preuve de flexibilité afin de vous adapter à chaque type de comportement.

Avec un as de carreau (directif)

Les équipiers dont le comportement dominant est du type directif apprécient avant tout l'efficacité, la rapidité et la liberté de choix.

En général, ils s'entendent bien avec leurs collègues du type expansif (as de trèfle), un peu moins avec ceux du type analytique (as de pique) et pas du tout avec ceux du type consensuel (as de cœur).

Avec eux, allez droit au but dans vos propos, sans vous perdre dans des considérations générales ou des détails superflus. Lors d'une présentation, vous commencerez par la synthèse.

Si vous devez leur expliquer des procédures, faites-le très rapidement sans vous appesantir sur le sujet. Enfin, si vous souhaitez les aider, suggérez-le très légèrement, sans insister.

Leur émotion dominante est l'impatience, voire la colère.

Les clés de leur motivation sont :

- des défis exigeants à relever ;
- des responsabilités qui leur permettent d'exercer leur volonté et de diriger ;
- une évaluation fondée sur des résultats.

Avec un as de trèfle (expansif)

Les équipiers dont le comportement dominant est du type expansif apprécient avant tout la communication, le contact et la liberté sans contraintes.

En général, ils s'entendent bien avec leurs collègues du type directif (as de carreau), un peu moins avec ceux du type consensuel (as de cœur) et pas du tout avec ceux du type analytique (as de pique).

Laissez-leur du temps pour parler, s'exprimer complètement, « remuer ». Vous pouvez leur suggérer ce qu'ils ont à faire, sans leur imposer de contraintes trop rigoureuses, qui risqueraient d'être allègrement contournées. Pour les pousser à agir, vous leur fournirez des indications très précises sans trop vous attarder dessus.

Leur émotion dominante est le plaisir.

Les clés de leur motivation sont :

- des projets excitants, source d'amusement ;
- de la reconnaissance ;
- beaucoup de compliments (pas de « corset procédural »).

Avec un as de cœur (consensuel)

Les équipiers dont le comportement dominant est du type consensuel apprécient avant tout la sécurité, le respect de leurs droits et un environnement harmonieux et stable.

En général, ils s'entendent bien avec leurs collègues du type analytique (as de pique), un peu moins avec ceux du type expansif (as de trèfle) et pas du tout avec ceux du type directif (as de carreau).

Intéressez-vous sincèrement à eux, à leurs attentes, à leur cas particulier. Vous leur expliquerez, sans vous presser, ce qu'ils doivent faire, écouterez leurs propos et les reformulerez pour leur donner des signes de compréhension. Il faut les rassurer souvent en leur disant qu'ils peuvent compter sur l'équipe et sur son chef de projet.

Leur émotion dominante est l'équilibre, la stabilité.

Les clés de leur motivation sont :

- des méthodes et du temps pour faire du bon travail ;
- une ambiance peu conflictuelle ;
- un sentiment de sécurité au sein de l'équipe.

Avec un as de pique (analytique)

Les équipiers dont le comportement dominant est du type analytique apprécient avant tout la compétence, la précision et l'analyse logique.

En général, ils s'entendent bien avec leurs collègues du type consensuel (as de cœur), un peu moins avec ceux du type directif (as de carreau) et pas du tout avec ceux du type expansif (as de trèfle).

Pour vous adapter à eux, vous devez leur montrer votre maîtrise du sujet et de la technique, leur fournir des explications détaillées et précises, présentées dans un ordre logique, et leur donner l'assurance que tout se passera bien selon le plan prévu.

Leur émotion dominante est la crainte de mal faire.

Les clés de leur motivation sont :

- du temps pour accomplir complètement toutes leurs tâches ;
- des instructions précises et formalisées ;
- un environnement stable dans la durée.

Les leçons de l'expérience

La réussite d'un projet repose avant tout sur la qualité et l'implication de l'équipe. Vous devez donc prendre le temps de rencontrer longuement chacun de vos futurs équipiers, afin de comprendre leurs attentes et leur niveau d'implication. En analysant leur comportement, vous connaîtrez les facteurs-clés de leur motivation et pourrez agir en conséquence.

Trois écueils à éviter

Se contenter d'ouï-dire pour évaluer l'intérêt et la moti-vation d'un équipier
C'est la pire des solutions, mieux vaut aller sur place et dialoguer.

Se fier à son intime conviction à la suite d'un entretien, sans chercher à rationaliser
Prenez le temps d'analyser et de mesurer la motivation d'un futur équipier avant de prendre une décision qui vous engagera par la suite.

Accepter un équipier peu motivé en pensant que le temps fera son œuvre
Il en est des équipiers comme des projets : prenant un mauvais départ, ils ne réussiront jamais.

Trois conseils à méditer

Susciter et développer la motivation du début à la fin d'un projet n'est pas un long fleuve tranquille.
Vous devrez sans cesse sur le métier remettre votre ouvrage : souci des autres, respect, équité.

Un bon niveau de motivation garantit la résistance de l'équipe dans les coups durs.
Pour maintenir le bateau à flot dans la tempête, il vous faut un équipage aguerri et soudé !

Adaptez-vous au comportement de chacun en comprenant les clés de sa motivation.
Développez votre flexibilité comportementale, gage de réussite.

Le carré d'as : motivations

Sachez motiver les as de votre équipe projet !

AS DE PIQUE : PROFIL ANALYTIQUE	**AS DE CARREAU : PROFIL DIRECTIF**
Ce qu'il apprécie avant tout	**Ce qu'il apprécie avant tout**
La compétence, la précision, la logique	L'efficacité, la rapidité, la liberté de choix
Sa relation avec les autres	**Sa relation avec les autres**
♦ **	♦ ***
♣ *	♣ ***
♥ ***	♥ *
♠ ***	♠ **
Comment vous adapter à lui ?	**Comment vous adapter à lui ?**
Lui montrer votre maîtrise du sujet et de la technique	Aller droit au but et commencer toujours par la synthèse : c'est ce qui l'intéresse
Lui fournir des explications détaillées et précises	Lui expliquer très rapidement les procédures
Lui donner l'assurance que tout se passera bien, de manière conforme au plan prévu	Lui demander ce que vous pouvez faire pour lui, sans insister
Les clés de sa motivation	**Les clés de sa motivation**
Du temps pour son travail, des instructions précises et un environnement stable	Des défis exigeants à relever, du pouvoir, une évaluation fondée sur des résultats

AS DE CŒUR : PROFIL CONSENSUEL	AS DE TRÈFLE : PROFIL EXPANSIF
Ce qu'il apprécie avant tout	**Ce qu'il apprécie avant tout**
La sécurité, le respect de ses droits	La communication, le contact, la liberté
Sa relation avec les autres	**Sa relation avec les autres**
♦ *	♦ ***
♣ **	♣ ***
♥ ***	♥ **
♠ ***	♠ *
Comment vous adapter à lui ?	**Comment vous adapter à lui ?**
Vous intéresser sincèrement à lui	Lui laisser le temps de parler, de s'exprimer, d'agir
Lui expliquer sans vous presser ce qu'il doit faire ; écouter et reformuler	Lui suggérer ce qu'il peut faire sans lui imposer de contraintes trop rigoureuses
Le rassurer en lui disant qu'il peut compter sur vous	Lui fournir des indications précises sans y consacrer trop de temps
Les clés de sa motivation	**Les clés de sa motivation**
Des méthodes et du temps, une ambiance peu conflictuelle et un sentiment de sécurité	Des projets excitants, de la reconnaissance et l'absence de « corset procédural »

PRATIQUE N° 5

Définir les objectifs de chacun

Après avoir rencontré et motivé les candidats, il vous faut définir et formaliser les objectifs généraux du projet et la contribution individuelle de chaque participant.

Histoire vécue

Depuis près de cinq ans, José est acheteur spécialisé dans le domaine de la plasturgie chez un grand équipementier automobile national. Il est en poste dans une usine de la région parisienne.

Bien qu'ils dépendent d'une direction des achats centralisée au siège, les acheteurs sont répartis sur différents sites. Ils travaillent donc dans leur spécialité pour l'ensemble du groupe.

Sur une proposition du directeur des achats, la direction générale a décidé de doter le groupe d'une plate-forme électronique en ligne. Celle-ci reliera l'entreprise à ses fournisseurs et à ses prestataires, avec les principaux objectifs suivants :

- disposer d'un moyen normé d'émission des appels d'offres et de réception des réponses, selon des tableaux prédéfinis (prix, planning, délais et références) ;
- automatiser le processus de dépouillement des appels d'offres à partir de critères discriminants, en partie génériques et en partie spécifiques, en fonction de la nature de l'appel d'offres ;

- mettre en œuvre une procédure d'enchères inversées, pour un nombre limité de produits et de fournitures, à titre d'expérimentation dans un premier temps.

José est missionné comme chef de projet, compte tenu de son expérience et de sa notoriété dans le groupe. Il est candidat à une promotion, et la réussite de cette mission contribuerait certainement à sa nomination comme manager.

La première phase du projet consiste à mettre en place une équipe de six acheteurs représentatifs. Ils devront établir un cahier des charges détaillé à partir de l'expression des besoins, puis identifier la solution à mettre en œuvre (externalisation ou plate-forme interne), en précisant ses fonctions, son coût, les délais de réalisation et l'obligation de résultats.

Après avoir constitué son équipe par approche directe, en général *via* le téléphone ou la messagerie, José organise une réunion de lancement en utilisant les studios de vidéoconférence installés dans les principaux sites.

Le but de la séance, qui doit durer une heure et demie, est de présenter le projet et de définir les objectifs de chacun des membres de l'équipe durant cette première phase. Un document de synthèse décrivant le projet a été adressé au préalable par e-mail à tous les participants.

La préparation d'une telle entrevue représentant 50 % de son succès, José identifie vingt et une tâches pour mener à bien cette phase en moins de cinq mois (délai fixé par le directeur des achats, sponsor du projet).

Il affecte ensuite arbitrairement trois tâches à chacun (y compris à lui). Deux d'entre elles sont identifiées comme « fortement recommandées » (c'est-à-dire non négociables) ; la troisième peut être réaffectée à un autre acheteur, dans le cadre d'une bourse d'échanges.

Le jour dit, après les difficultés classiques de connexion et d'appel des sites, la réunion débute avec dix minutes de retard et un seul absent. Tout le monde se connaît, et l'ordre du jour est très vite abordé.

José est intransigeant sur le respect de l'horaire. Pour être sûr de terminer à temps, il passe rapidement sur les objectifs généraux du projet et les besoins exprimés par le sponsor. À la fin de son intervention, le retardataire arrive discrètement. José évite de lancer un débat et rappelle juste sèchement que « l'heure, c'est l'heure ! »

Un ange passe. Plutôt que de laisser le silence se prolonger, José enchaîne alors sur les vingt et une tâches recensées, en les présentant d'abord par ordre chronologique. Il les explicite longuement et répond aux questions qu'elles suscitent. En effet, il estime devoir passer du temps sur ce thème, afin que chacun comprenne bien les actions qu'il doit mener, avant d'aborder les objectifs individuels.

Le moment est venu de présenter son approche de type « 2 + 1 », selon sa formule : deux actions préaffectées et une échangeable avec un autre membre de l'équipe projet. Contrairement à ce qu'il croyait, le groupe récuse très vite la méthode :

- l'un des participants revendique une expérience d'enchères inversées dans une autre entreprise et réclame l'action correspondante ;
- un autre a une longue pratique des contrats à obligation de résultats, tâche affectée à un collègue moins impliqué ;
- un troisième se déclare totalement incompétent et donc peu motivé par les tâches qui lui sont assignées ;
- deux autres (dont le retardataire) sont sans opinion, ils ont l'air peu concernés par la discussion et adoptent un profil bas ;
- le dernier, le plus ancien du groupe, estime qu'on ne peut prendre de telles décisions en séance, et qu'il faut se revoir, à tête reposée, en entretien individuel.

José, furieux de l'issue du débat, n'a plus que cinq minutes pour respecter l'horaire annoncé. Il réalise donc une synthèse de ce qui a été dit, puis décide de s'aligner sur le dernier avis exprimé et annonce, comme prochaine étape, un entretien avec chacun sur ses objectifs individuels.

Les questions-clés

Pour définir les objectifs individuels des membres de son équipe, José a fait l'impasse sur les entretiens préalables et organisé une vidéoconférence destinée à gagner du temps. Pourtant, il se retrouve tout de même contraint de rencontrer seul à seul ses équipiers pour obtenir leur accord. Il aurait pu éviter de perdre du temps s'il avait réfléchi aux trois questions suivantes :

? Est-il nécessaire de revenir sur les objectifs généraux s'ils ont déjà été communiqués ?

? Comment fixer des objectifs individuels pertinents, dans le consensus ?

? Comment partager en groupe les objectifs individuels en obtenant l'adhésion de tous ?

Une réunion pour les objectifs généraux

José a omis de rappeler les objectifs généraux du projet, dans la mesure où il les avait transmis par écrit à tous les membres de l'équipe. S'il est vraisemblable que ses équipiers ont parcouru – voire lu de manière attentive – son message, il est pourtant évident qu'ils auraient dû en reparler ensemble :

- tout d'abord parce qu'il y a en général 70 % de déperdition d'information dans la transmission d'un message, même écrit (sauf si l'on y revient régulièrement) ;
- ensuite, parce qu'avec l'inflation des communications de tous types – les e-mails en particulier –, leur lecture est de plus en plus rapide, donc leur mémorisation de plus en plus faible.

Certes, le message peut être imprimé, classé momentanément, et lu avant l'échéance fixée. Cependant même si c'est le cas, un minimum d'explications et de débat en présence de tous est essentiel pour que chacun s'approprie les objectifs généraux du projet.

Il s'agit là d'un enjeu majeur : pour que les membres d'une équipe adhèrent à un projet, il est indispensable qu'ils comprennent le contexte dans lequel la décision de lancer le projet a été prise, les objectifs visés et les modalités prévues.

Vous consacrerez donc une première réunion à ce thème, en reprenant les termes de votre lettre de mission :

- De quoi s'agit-il (contenu et modalités du projet) ?
- Pourquoi réaliser ce projet (raisons endogènes et exogènes) ?
- Qui est concerné : acteurs externes (fournisseurs et prestataires) et internes (acheteurs, management, autres) ?
- Où cela va-t-il se passer ? Quels sont les sites pilotes et pourquoi ?
- Quand le projet doit-il être mis en œuvre (échéance pour le pilote, rythme du déploiement) ?
- Comment cela va-t-il se passer (développement spécifique, utilisation d'une plate-forme du marché) ?
- Combien cela va-t-il coûter (ordre de grandeur du budget dédié) ? Combien cela doit-il rapporter (bénéfices externes et internes) ?

Pour chacune de ces questions-clés, vous initierez un débat constructif. Vous vérifierez ainsi la compréhension de tous les participants et recueillerez leurs idées et suggestions destinées à enrichir la réflexion et à permettre son appropriation.

Ce n'est qu'à l'issue de cette séance que pourront être abordés les objectifs individuels. Ces derniers seront déclinés à partir des objectifs généraux du projet pour leur donner du sens et éclairer l'action des équipiers au quotidien.

Des entretiens pour les objectifs individuels

Le but est de fixer des objectifs individuels pertinents dans le consensus. Une chose est sûre, l'exercice doit se dérouler en face à face avec chacun des membres de l'équipe, afin qu'il y ait un véritable débat, un enrichissement mutuel et une adhésion aux objectifs finalisés à l'issue de l'entretien.

C'est d'autant plus vrai que la relation entre le chef de projet et son équipe est rarement hiérarchique. Certes, le chef de projet est légitime quand il fixe des objectifs – on ne peut fonctionner autrement – néanmoins, il doit y passer le temps qu'il faut et y mettre les formes !

Revenons maintenant à José. La technique consistant à identifier toutes les tâches du projet et à en « préaffecter » la plupart, en fonction du métier et des compétences de chacun, est une bonne approche. Encore faut-il s'assurer de la pertinence de ces choix et de l'adhésion des personnes concernées…

Pour réussir cet exercice, voici les étapes à respecter.

* Planifiez tous les entretiens individuels sur une courte période de temps (une semaine si possible), en prévoyant de vous rendre sur le site de vos équipiers (ce sera aussi l'occasion de rencontrer leur manager hiérarchique).

* Commencez par rappeler les objectifs généraux du projet, socle de la fixation des objectifs individuels, et les raisons de la présence de chacun.

- Présentez ensuite l'ensemble des tâches à réaliser pour mener à bien le projet, en distinguant les tâches transverses, les tâches génériques (communes à l'ensemble des membres de l'équipe) et les tâches spécifiques.

- Pour les tâches spécifiques, séparez celles qui sont, à l'évidence, de la responsabilité exclusive d'un membre de l'équipe (en fonction de son métier, de ses compétences ou de son unité de provenance), et celles qui peuvent être attribuées indifféremment.

- Pour ces dernières, il est préférable de suggérer leur affectation plutôt que de les imposer, en vérifiant la motivation de l'équipier pressenti sur la ou les tâches proposées. Prenez le temps de la discussion : écoute, questionnement et reformulation aux moments-clés.

- Laissez à vos équipiers des marges de manœuvre, en particulier pour les tâches de moindre importance, et rappelez que les contributions individuelles s'inscrivent dans un ensemble qui implique adhésion et solidarité.

- Enfin, finalisez l'accord obtenu, en précisant qu'une fois tous les entretiens réalisés, il y aura une consolidation puis un partage en groupe des objectifs individuels lors d'une réunion, afin de procéder aux derniers ajustements.

Ce processus est certainement coûteux en heures de travail, mais il est fondamental. Mieux vaut accepter de perdre un peu de temps au début du projet pour en gagner par la suite…

La finalisation des objectifs

Vous devez maintenant obtenir l'adhésion de tous lors du partage en groupe des objectifs individuels.

Il convient ici de reprendre l'approche initiale de José, mais dans des conditions plus propices au consensus. En effet, à l'issue du cycle des entretiens individuels, vous devez être capable de procéder à un premier niveau de consolidation.

À titre d'illustration, vous pouvez adopter le déroulement suivant lors d'une réunion de l'équipe projet dédiée à la finalisation des objectifs :

- rappel du planning des entretiens, de la méthode utilisée et du contexte général ;
- visualisation de l'ensemble des tâches du projet, regroupées par type (tâches transverses, tâches génériques et tâches spécifiques) ;
- présentation d'une première consolidation des tâches agréées par l'ensemble du groupe ;
- identification des tâches spécifiques réclamées par plusieurs membres de l'équipe projet, recherche d'une solution par consensus et, à défaut, constitution de binômes ;
- repérage des tâches non affectées à l'issue des entretiens, recherche d'une solution par consensus et, à défaut, affectation « semi-directive » selon la charge de travail de chacun ;
- synthèse récapitulative et engagement de votre part de produire sous quarante-huit heures les fiches d'objectifs individuels finalisées, ainsi qu'un document reprenant l'ensemble des tâches avec leur responsable.

Les leçons de l'expérience

Préciser « qui fait quoi » est essentiel pour mettre rapidement l'équipe au travail. Vous devez veiller tout particulièrement à aller du général au particulier, en définissant les objectifs individuels par rapport aux objectifs globaux du projet lors d'entretiens individuels avec chaque membre de votre équipe. Enfin, lors d'une réunion rassemblant tous les participants au projet, expliquez précisément la méthode que vous avez utilisée et soyez le plus transparent possible lors de la restitution des résultats (cela n'exclut pas une certaine directivité !).

Trois écueils à éviter

Penser que la lecture d'un document suffit pour adhérer aux objectifs du projet
Cette lecture est nécessaire, mais loin d'être suffisante.
Une présentation suivie d'un débat est indispensable.

Définir les objectifs de chacun sans avoir réalisé un premier travail d'ensemble détaillé
Mieux vaut avoir identifié auparavant les risques de redondance d'objectifs ou les lacunes.

Chercher à gagner du temps en définissant en groupe les objectifs individuels
Cet exercice est très risqué, même pour un grand professionnel de l'animation d'équipes.

Trois conseils à méditer

Les technologies de la communication sont des outils précieux, mais inappropriés ici.
La fixation des objectifs individuels est un acte de management qui engage les deux parties : il doit être réalisé en face à face.

La réussite d'un projet passe par la prise en compte de la dimension humaine.
Chacun doit adhérer aux objectifs qui lui sont fixés et le groupe doit être en accord avec cette répartition.

Adoptez une démarche rigoureuse et soyez équitable dans la répartition des tâches.
Pour être respecté tout au long du projet, vous vous devez d'être irréprochable dès cette phase de lancement.

Guide pratique pour fixer des objectifs : la méthode SMART

Critère de l'objectif	Un objectif...	Observations
Simple	Compréhensible Facilement identifiable Dont la réalisation est immédiatement visualisable	Éviter les formules compliquées qui font perdre de vue la finalité de l'action
Mesurable	Quantifié Avec une unité de mesure classique (jour/homme, k€ ou m€, pourcentage) et une date de réalisation non révisable.	S'en tenir à trois domaines d'objectifs au maximum, pour éviter sélectivité et perte de productivité
Accepté	Qui comporte une contrepartie Qui a été discuté avec le membre de l'équipe concerné Qui est reconnu comme légitime compte tenu de la mission impartie	Faire en sorte que chacun puisse s'approprier ses objectifs, ce qui implique préparation, explications et dialogue
Réaliste	Que tous s'accordent à reconnaître comme possible à atteindre (même s'il l'est difficilement) Pour la réalisation duquel les moyens requis sont prévus et disponibles	Toujours prévoir une marge de manœuvre afin de permettre, au besoin, des réajustements
Traçable	Dont la réalisation est incontestable Avec des jalons (résultats mensuels) Assorti de points de contrôle	Ne pas distribuer à un membre de l'équipe projet un objectif sur lequel il n'a aucune action possible

Impliquer
les managers des candidats

Une fois les objectifs de chacun précisés, ils doivent être communiqués aux managers concernés. Il est important que ces derniers soient informés de ce qui est attendu de leur collaborateur. Par ailleurs, ils doivent avoir conscience des opportunités que le projet constitue pour lui – comme pour leur unité –, mais aussi de la charge de travail induite. Cette charge supplémentaire doit être évaluée ; elle ne peut, évidemment, se superposer aux objectifs annuels de la personne, lesquels seront par conséquent revus et adaptés.

Histoire vécue

Jean-Michel travaille dans une entreprise qui fabrique et distribue des produits bureautiques (imprimantes en réseau, copieurs, fax), ainsi que les fournitures et consommables associés (toners, cartouches d'impression...).

Le siège de la société est localisé sur le site de l'usine principale, près de l'aéroport d'Orly. Sur le plan commercial, il existe quatre agences spécialisées selon le secteur économique (banques et assurances ; industrie et distribution ; services ; secteur public) à Paris, et six en province liées aux régions géographiques (nord à Lille, est à Strasbourg, sud-est à Lyon, sud-ouest à Toulouse, ouest à Nantes et centre à Tours).

La décision a été prise de regrouper sur le nouveau siège de La Défense, outre l'équipe de direction de la société :

- tous les services communs (finances, administration, achats, ressources humaines, informatique, communication, services généraux) ;
- toutes les agences commerciales parisiennes (réparties actuellement sur quatre sites différents), ainsi que l'équipe du marketing (basée sur un cinquième site). Cet ensemble représente un effectif de près de 180 personnes.

Ce regroupement est couplé avec la mise en œuvre d'une nouvelle organisation pour les personnes itinérantes (les commerciaux et les techniciens de maintenance). Ces dernières sont équipées, aux frais de la société, d'une voiture de service, d'un téléphone mobile, d'un ordinateur portable avec un modem incorporé et d'une liaison téléphonique ADSL à grande vitesse à leur domicile. Elles peuvent donc avoir accès au système d'information de l'entreprise à tout moment, et de n'importe quel lieu.

Leurs bureaux individuels sont supprimés, au profit de deux plateaux dits « paysagers ». Chaque plateau comporte des tables banalisées pour deux, des salles de réunion, de petits bureaux individuels ouverts aux cloisons transparentes (destinés aux managers), des armoires et des meubles roulants équipés de tiroirs.

La réservation d'un bureau ou d'une salle de réunion s'effectue par téléphone ou par messagerie auprès d'un poste central de réservation, avec un préavis minimum d'une heure. Arrivé au siège, le collaborateur itinérant se fait indiquer l'emplacement du bureau et prend possession des lieux pour le temps spécifié, qui ne saurait excéder la demi-journée.

Les collaborateurs itinérants sont tenus d'être présents tous ensemble le lundi matin (pour le planning hebdomadaire) et le vendredi après-midi (pour la réunion de service), sauf en cas d'empêchement majeur.

Le but de cette nouvelle organisation est de réduire radicalement la facture immobilière, et d'améliorer l'efficacité des relations entre fonctions, grâce au regroupement dans un même lieu.

Ce projet d'envergure demande à la fois une très grande rigueur pour la préparation et la coordination des différents intervenants, et un effort conséquent d'information et de motivation des populations itinérantes.

Jean-Michel se voit confier le projet. Fort d'une expérience de plusieurs années à l'usine, où il encadrait une équipe de logisticiens, il a rejoint depuis trois mois le responsable des services généraux de la société en tant qu'adjoint. Il est censé le remplacer lors de son départ à la retraite dans deux ans.

Prudent et très méticuleux, qualité essentielle pour piloter un déménagement d'une telle ampleur, Jean-Michel est un garçon sérieux, travailleur et fiable. Affable, il a le souci des autres. Réservé de nature, il éprouve parfois des difficultés à s'entendre avec les personnes intrusives, impatientes ou agressives.

L'équipe projet est composée de deux collègues de son service, missionnés à plein temps pour la durée du projet (neuf mois), et d'un représentant de chacun des sites parisiens qui se regroupent (agences commerciales et service marketing).

Ces représentants ont pour responsabilité :

• de préparer un plan de transfert de leur unité (collaborateurs, équipements, dossiers de travail et archives) ;
• de faire réaliser le tri et la sélection des dossiers et des documents inutiles, à mettre au pilon (ils sont hélas, comme d'habitude, très nombreux) ;
• d'informer toute leur unité des enjeux du projet, des raisons de la nouvelle organisation et des modalités du déménagement ;
• de garantir la continuité des opérations en liaison avec l'équipe du siège ; le déménagement étant prévu un week-end.

Cette charge de travail implique une disponibilité à temps partiel pendant six mois et à mi-temps les trois derniers mois. Chaque unité a désigné son responsable. Les profils retenus sont très divers : l'équipe comprend deux chefs des ventes, un superviseur d'équipe de maintenance, l'adjoint administratif d'un directeur d'agence, ainsi qu'un chef de produit qui rentre de congé maladie et n'a pas encore d'affectation.

Le projet est mis sur les rails au cours d'un séminaire de lancement, qui réunit toute l'équipe dans une ambiance studieuse. Un rythme hebdomadaire est adopté pour la réunion de chantier, elle aura lieu tous les mardis dans la *war room*, une grande salle de réunion du futur site.

Les premières réunions permettent à tous les participants de s'approprier le projet. Les débats les plus animés portent sur le changement d'organisation et la perte, pour les populations itinérantes, de leur ancrage et de leurs repères, avec la suppression de leur bureau individuel.

À la fin de la troisième réunion de travail, les choses commencent à se gâter lorsque Jean-Michel procède à l'évaluation précise des tâches à réaliser par chacun. Deux tendances s'opposent alors.

• Les managers en charge d'une équipe estiment ne pas pouvoir se libérer à la hauteur de ce qui est prévu les six premiers mois. Ils proposent d'assister aux réunions hebdomadaires à tour de rôle avec un de leurs collaborateurs qu'ils missionneront. Pour les trois derniers mois, ils feront de leur mieux pour se rendre disponibles, mais ils ne peuvent s'engager dès maintenant sur le temps qu'ils consacreront au projet.

• Les autres membres du groupe partent du principe qu'« il faut ce qu'il faut » et qu'une opération de cette ampleur justifie les charges qui ont été définies selon les règles de l'art. Il est vrai qu'ils ont moins de contraintes que leurs collègues, n'ayant ni objectifs de résultats à respecter, ni responsabilités d'encadrement.

C'est l'impasse : que faire ? Modifier la composition de l'équipe en recrutant des gens plus disponibles, demander l'arbitrage de la direction, retourner voir les directeurs d'unités et trouver avec eux un *modus vivendi* ?

──── **Les questions-clés** ────────────────────────

La motivation des membres d'une équipe ne suffit pas à mener à bien un projet. Au préalable, Jean-Michel aurait dû fournir aux managers concernés une évaluation chiffrée du temps consacré par leur collaborateur au projet, afin d'obtenir leur adhésion quant à sa disponibilité.

? Comment quantifier au mieux les charges de travail par rapport aux besoins ?

? Comment obtenir l'accord des managers concernés ?

? Comment leur faire revoir les objectifs individuels de leur collaborateur au vu de cette charge de travail supplémentaire ?

Les charges de travail individuelles

Il vous faut évaluer les charges de chacun au sein de l'équipe, sans sous-estimer ni surestimer les inévitables difficultés qui surviendront tout au long du projet.

Différentes étapes sont à respecter :

- identifiez et répertoriez toutes les tâches à réaliser, puis regroupez-les par phase et par équipier en évitant les doubles emplois ;
- évaluez de manière réaliste le temps à passer sur chaque tâche en distinguant le temps de préparation (compter une demi-journée par exemple pour une réunion de chantier), le temps de réalisation (une journée pour le déroulement de la réunion) et le temps de mise en forme des résultats et de leur restitution (une demi-journée, soit un total de deux jours) ;
- pour les équipiers qui ne sont pas à temps plein sur le projet, séparez, lors de chaque phase, les tâches qui ne peuvent être déléguées (toutes celles relevant de l'accompagnement du changement en particulier) et celles qui peuvent l'être (la plupart des tâches techniques ou logistiques) ;
- identifiez, pour chaque tâche ou groupe de tâches, la « date au plus tôt » et la « date au plus tard » de la réalisation, et visualisez-les sur un diagramme à barres (diagramme de Gant[1]) ;
- faites une première consolidation et traduisez pour chaque phase les charges de travail en « jours par mois », en rendant visibles sur un planning les jours de présence obligatoire planifiés dès le début du projet (réunions de chantier, revues de fin de phase, comités de pilotage) ;
- évaluez si la charge totale de travail estimée est plausible et acceptable, et validez cette estimation avec un manager ayant le

---

1. Outil permettant de modéliser la planification des tâches nécessaires à la réalisation d'un projet. Dans cet outil, chaque tâche est symbolisée par une ligne tandis que les colonnes représentent les jours, semaines ou mois du calendrier selon la durée du projet.

même type de responsabilités, mais n'étant pas partie prenante (par exemple ici un chef des ventes en province) ;

• rencontrez individuellement chacun des futurs équipiers afin de présenter cette évaluation ; assurez-vous de la compréhension des contraintes et identifiez les points d'accord et de désaccord ;

• en cas de désaccord, recherchez un compromis en partant des tâches qui peuvent être déléguées (créez par exemple un binôme avec un collaborateur n'ayant pas de responsabilités de management). Surtout, tenez bon sur les points essentiels, et soyez prêt à documenter la manière dont a été réalisée l'estimation, en vous appuyant sur la validation préalable réalisée sur le terrain ;

• une fois l'accord finalisé avec chaque équipier, remettez-lui l'évaluation des charges actualisée et prenez rendez-vous avec son manager pour l'informer et obtenir son accord.

Ce processus peut paraître difficile à réaliser systématiquement. Toutefois, s'il est souhaitable pour les projets de moindre importance, il est impératif pour tout projet d'envergure.

Si vous identifiez précisément et de manière chiffrée la contribution attendue de chacun, vous éviterez à coup sûr bien des ennuis lorsque le projet sera lancé, aussi bien avec vos équipiers qu'avec leur manager. Par ailleurs, vous montrerez ainsi votre professionnalisme.

Convaincre les managers de l'intérêt du projet

Avant de rencontrer le manager d'un de vos équipiers, renseignez-vous tout d'abord sur sa position affichée vis-à-vis du projet. Il est primordial aussi de connaître son attitude, en général, vis-à-vis de la participation des membres de son équipe à des activités qui ne sont pas directement liées à la réalisation de leurs objectifs.

Assurez-vous ensuite qu'il a déjà eu un entretien au sujet du projet avec son collaborateur, et informez-vous de sa première réaction.

Enfin, préparez soigneusement votre rendez-vous et vos arguments pour remporter l'adhésion de votre interlocuteur. Il convient de les classer puis de les hiérarchiser selon les règles de toute bonne négociation.

Trois types d'arguments peuvent être mis en avant (allégeance, bénéfices, contraintes), facilement mémorisables par la formule ABC.

Les arguments de type A pour « Allégeance »

- C'est un projet d'entreprise, décidé et soutenu par la direction générale, dont les enjeux sont majeurs.
- Ce projet requiert la participation active des unités impliquées (encadrement et collaborateurs).
- Les autres unités concernées ont mis en place leurs relais et sont d'accord sur l'évaluation des charges définies.
- Des ajustements sont possibles pour s'adapter aux spécificités locales.
- Le compte à rebours a commencé : il faut y aller !

Les arguments de type B pour « Bénéfices »

Après une période d'adaptation, chacun tirera un bénéfice de ce projet :

- les collaborateurs, dont les compétences et le talent auront été mis en lumière dans le projet et reconnus ;
- les clients du projet (externes ou internes), qui seront satisfaits de la conformité du projet par rapport aux besoins exprimés ;
- les managers, qui auront fait progresser leurs collaborateurs impliqués dans le projet (compétences et autonomie) ;
- l'unité qui, associée en amont et représentée en permanence dans le projet, verra ses intérêts mieux considérés ;
- l'entreprise, qui optimisera ses coûts ou augmentera ses bénéfices.

Les arguments de type C pour « Contraintes »

- Le sponsor du projet présidera le comité de pilotage mensuel, préparé et animé par le chef de projet.
- Un rapport formel est dû par chacun des directeurs des unités concernées sur les actions réalisées localement pendant la période visée, les difficultés rencontrées et les mesures prises pour les surmonter.

- L'évaluation des charges de travail a été effectuée selon les règles de l'art. Mieux vaut « annoncer la couleur » avant que demander, au fil du temps, des disponibilités ou des ressources supplémentaires.

Il n'est bien sûr pas forcément utile de recourir à tous ces arguments. Dosez subtilement vos propos : commencez par les arguments de type allégeance, soulignez légèrement les contraintes et insistez sur les bénéfices. Plus l'entretien sera préparé, plus il sera réussi.

Objectifs annuels à revoir

Comment faire en sorte que les managers intègrent la charge de travail inhérente au projet dans les objectifs individuels de leur collaborateur ? Voilà la dernière difficulté à résoudre, et non la moindre.

Si l'on excepte le cas du projet qui débute en janvier, les objectifs annuels de chacun sont déjà fixés lorsque le projet démarre. Chaque manager concerné doit donc reprendre et modifier ces objectifs, souvent sans gaieté de cœur, puisqu'il doit à nouveau y consacrer du temps (préparation et discussion).

Quelle approche employer pour qu'il accepte de le faire et n'y passe pas trop de temps ? Ici encore, un certain nombre d'étapes sont à respecter :

- présentez-lui les objectifs généraux du projet, ainsi qu'un synoptique de l'ensemble des tâches et des objectifs assignés à chacun des membres de l'équipe ;
- suggérez-lui l'utilisation d'un modèle de lettre de mission prédéfini mais adaptable, confirmant au collaborateur sa désignation comme représentant de l'unité dans le projet, et valorisant sa contribution future ;
- fournissez à titre d'illustration deux à trois types d'actions demandées au collaborateur dans le cadre du projet, avec leur déclinaison en termes d'objectifs quantifiés et datés (voir exemple ci-contre) ;

Accompagnement du changement

Organiser et animer 5 groupes de travail transverses sur la mise en œuvre locale (J + 30).

Analyser les résultats et définir 3 axes de progrès (J + 45) ; les présenter à l'équipe de management de l'unité (J + 60).

Mettre en place au moins 3 actions de communication au niveau local (J + 30) : présentation, bulletin périodique d'information, panneau d'affichage.

Présenter tous les mois à l'équipe de direction de l'unité les actions réalisées et les difficultés rencontrées ; recommander les mesures à prendre.

- appuyez-vous sur la quantification des charges supplémentaires qui pèseront sur le collaborateur. Ainsi, s'il s'agit d'un mi-temps sur la période de l'année qui reste à courir (huit mois par exemple), et que cinq domaines d'objectifs annuels ont été fixés par le manager, il convient d'en remplacer deux par des domaines liés au projet ;
- demandez au manager de communiquer aux autres membres de son équipe les nouveaux objectifs fixés au collaborateur impliqué dans le projet, pour que son action semble cohérente au quotidien ;
- proposez-lui votre aide pour préparer l'évaluation des performances du collaborateur le moment venu, en ce qui concerne les domaines d'objectifs relatifs au projet ;
- engagez-vous à faire un point périodique sur la contribution du collaborateur au projet et sur ses performances, sans attendre l'évaluation annuelle.

Soyez très attentif à la manière dont vous présenterez cette approche, car le manager peut estimer ne pas avoir besoin de conseils pour fixer des objectifs. Il vous faudra user de diplomatie et d'esprit d'à-propos, sans toutefois remettre en cause la nécessité absolue de modifier les objectifs annuels de votre futur équipier.

© Groupe Eyrolles

Les leçons de l'expérience

Il est évident qu'il faut impliquer les managers des candidats dans le nouveau contexte. À ce titre, le fait qu'ils intègrent le projet dans les objectifs de performance qu'ils fixent à leur collaborateur est essentiel. Sans vous immiscer dans un acte de management qui ne se délègue pas, vous devez être force de proposition et convaincre les managers du bien-fondé de cette démarche, en y mettant les formes.

Trois écueils à éviter

Envoyer aux managers une note de procédure fixant les objectifs de leur collaborateur
C'est une erreur grave. Une fois encore, vous devez vous impliquer sans compter et convaincre en tête-à-tête.

Attendre que le projet soit déjà très engagé pour rencontrer les managers
Avant, une telle rencontre est opportune et utile. Après, vous mettez vos interlocuteurs devant le fait accompli. Danger !

Se limiter, pour convaincre, à des arguments de type « allégeance » ou « contraintes »
Il faut rendre tangibles aux yeux du manager les bénéfices du projet pour le collaborateur et pour son unité d'appartenance.

Trois conseils à méditer

Procurez-vous avant l'entretien les objectifs annuels du collaborateur.
Analysez-les avec lui et étudiez ses priorités, ainsi que les contraintes structurelles de son poste.

Préparez soigneusement vos arguments lors de votre entretien avec le manager.
Privilégiez les faits, les chiffres et les références, tout en restant à l'écoute.

Conservez des marges de manœuvre.
Sur un sujet aussi sensible que les objectifs individuels, apprenez à montrer votre flexibilité.

Synoptique des charges

Voici un exemple de synoptique à fournir à chaque équipier, à remplir avec lui et à présenter à son manager.

Projet : ....

Fonction : ....

Correspondant : ....

Date : ....

Phase	Tâches[a]	Évaluation des charges de travail (en demi-journées)				Délai de réalisation	
		Prépa-ration	Réali-sation	Resti-tution	Total	Au plus tôt	Au plus tard
1							
	Total phase 1						
2							
	Total phase 2						
3							
	Total phase 3						
	Total général						

a. Pour chaque phase, commencer par les tâches qui ne peuvent être déléguées.

Impact de la répartition de la charge sur les objectifs individuels :

....

....

....

Le chef de projet

Organiser une réunion
de contractualisation

Grâce à votre intervention, les managers concernés ont revu les objectifs annuels de leur collaborateur en tenant compte de la charge de travail liée au projet. Vous devez maintenant réunir l'équipe pour définir clairement et dans le consensus les « règles du jeu », soit les droits et les obligations de chacun. Cette rencontre constituera l'acte fondateur de l'équipe projet, gage de son bon fonctionnement.

Histoire vécue

Au sein d'un petit groupe mutualiste, Riad dirige le département production informatique de la direction des systèmes d'information (DSI). Sa fonction lui impose :

- d'assurer le bon fonctionnement des applications utilisées au quotidien et du réseau, en respectant les critères mesurables convenus avec les utilisateurs dans le cadre d'un contrat de service ;

- de mettre en place et de déployer les nouvelles applications selon le niveau de sécurité requis dans les délais spécifiés, en liaison avec ses collègues du département études et développement de la DSI ;

- de fournir une assistance aux utilisateurs sous forme d'un SVP télé-phonique[1], aussi bien pour les postes de travail (fonctions de type bureautique) que pour les applications ;
- de rationaliser la prise en considération et la gestion des incidents, les changements de version des logiciels et la migration des données ;
- de garantir la sécurité de l'installation grâce aux procédures de secours en cas d'incident, décrites dans un plan de continuité des opérations.

Pour assurer sa mission, Riad gère vingt-cinq collaborateurs, regroupés en quatre équipes : SVP utilisateurs, administrateurs de bases de don-nées et ingénieurs système, et mise en production (deux équipes).

Dans le cadre de la fusion avec un autre groupe mutualiste, un nouveau système d'information est en cours d'élaboration. Il prend appui sur celui de l'autre groupe, développé plus récemment.

Il a donc été décidé d'externaliser la production informatique actuelle, et de focaliser toutes les ressources disponibles sur le nouveau sys-tème d'information. Riad est chargé du projet, dont les grandes lignes sont les suivantes :

- inventaire des programmes et de la documentation ;
- étude du volet social ;
- rédaction d'un appel d'offres ;
- choix d'un prestataire ;
- mise en œuvre de l'externalisation ;
- accompagnement du changement.

Riad constitue donc une équipe projet de quatorze personnes, qui com-porte, outre ses quatre chefs d'équipe, un gestionnaire ressources humaines, un contrôleur de gestion, un juriste du siège, un représentant de chacune des grandes fonctions utilisatrices, et un consultant externe spécialisé.

Pour le séminaire de lancement, il a réussi le tour de force de réunir toute l'équipe durant une journée. La matinée est consacrée à la présen-tation du projet : enjeux, objectifs, périmètre, expression des besoins, première analyse des risques, phases, étapes, livrables et planning.

---

1. L'objectif est de dépanner au téléphone un utilisateur qui rencontre des diffi-cultés sur son poste de travail en utilisant les fonctions bureautiques ou appli-catives.

Les débats sont animés, et Riad a fort à faire pour les maintenir dans le cadre fixé. Il est vrai qu'avec un groupe aussi important, il est très difficile de canaliser la discussion, ou plutôt les discussions croisées.

L'après-midi est consacré à définir en commun le mode opératoire de l'équipe. Riad, qui veut garder le contrôle de la réunion, a la mauvaise idée de proposer un tour de table sur les engagements à prendre par chacun pour que le groupe fonctionne de manière harmonieuse. C'est la cacophonie...

Le premier intervenant, représentant la maîtrise d'ouvrage « commercial », se lance dans une longue diatribe sur la nécessité de revoir les critères du contrat de service, question intéressante, mais qui n'a rien à voir avec le thème traité. Cette intervention déclenche un débat passionné entre tous les représentants des maîtrises d'ouvrage.

Riad réussit à grand-peine, au bout de vingt minutes, à neutraliser ce sujet sensible et à rétablir le calme. Avec une grande détermination, il engage ensuite les deux personnes suivantes, qui font partie de son département, à s'exprimer.

Le dialogue est plus facile, car elles recommandent en chœur à leur chef de préparer une charte de fonctionnement du groupe, de la faire parvenir par messagerie à tous les participants et de consolider les retours, avant de la finaliser.

Vient alors le tour du représentant des ressources humaines, qui demande à présenter une étude générale sur le volet social réalisée lors d'opérations similaires d'externalisation. Devant l'intérêt manifeste du groupe, Riad n'ose pas refuser. Après plus de quinze transparents et une bonne demi-heure de débats, le sujet, captivant, est loin d'être épuisé.

Profitant d'un moment de silence, Riad interrompt la discussion et, se retranchant derrière l'horaire, conclut rapidement en rebondissant sur la proposition de ses deux collaborateurs.

Difficile pour une seule personne d'animer un tel groupe ! Quant à obtenir le consensus, c'est encore une tout autre chose...

_____ Les questions-clés _____

Par manque d'expérience dans le domaine, Riad a sous-estimé sa capacité à animer un groupe aussi nombreux. Il est en effet difficile de faire s'exprimer tous les participants et de parvenir à un consensus.

?   Comment définir les engagements respectifs des membres d'une équipe ?

?   De quelle manière obtenir l'accord de toutes les parties prenantes ?

?   Comment mettre en œuvre ce qui a été convenu en évitant les remises en cause ?

Les engagements respectifs...

Pour définir ce que nous appellerons les « règles de vie du projet », vous devez conduire une analyse préparatoire des droits et des obligations respectifs des membres de l'équipe, vous y compris.

... de l'équipe

Les droits des membres de l'équipe concernent :

- l'accès à l'information sur le projet et, plus particulièrement, les enjeux, les bénéfices espérés et les risques identifiés ;
- la compréhension de ce qui est attendu de chacun d'entre eux (mission et responsabilités, objectifs, priorités, ressources et moyens alloués pour y parvenir) ;
- l'assistance et le support du chef de projet ou d'un expert interne ou externe à l'équipe, en cas de besoin.

Les obligations des membres de l'équipe concernent :

- le respect de leurs objectifs individuels, des priorités individuelles et collectives et du planning prévu (dates intermédiaires et dates de fin de tâche) ;
- le reporting formel, hebdomadaire (pour les projets significatifs) ou mensuel, conforme au format convenu et réalisé selon l'échéance spécifiée ;
- l'alerte immédiate du chef de projet en cas de nécessité ;
- leur participation aux différentes instances (réunions de chantier, revues de projet, comité de pilotage le cas échéant) lorsqu'elle est requise. Ils devront bien sûr être ponctuels, contributifs et force de proposition.

... du chef de projet

Les droits du chef de projet concernent :

- l'organisation de l'équipe (définition des tâches et des priorités, des objectifs, allocation des ressources, planification des instances) ;

- la prise de décisions sur des bases aussi objectives que possible, l'arbitrage en cas de conflits, le recours au sponsor du projet si besoin ;

- l'évaluation des performances individuelles par rapport aux objectifs fixés et la préparation des entretiens annuels avec les managers hiérarchiques concernés.

Les obligations du chef de projet concernent :

- la résolution de tous les problèmes liés à la vie en équipe (déficit de ressources critiques, sous-traitant défaillant, contraintes imprévues...) ;

- la communication permanente, ce qui requiert de sa part disponibilité, écoute et aptitude au dialogue en cas de difficulté avec un des membres de l'équipe ;

- le respect de ses engagements (il doit dire ce qu'il va faire et faire ce qu'il a dit !).

Si vous vous retrouvez face à une équipe importante, éparpillée géographiquement, recensez tous les outils indispensables à l'animation d'un tel groupe : audio et vidéoconférences, outil collaboratif de partage d'informations, bulletin périodique d'information sur le projet, maquettes et prototype...

Obtenir le consensus de toutes les parties prenantes

Pour remporter l'accord de toutes les parties prenantes, organisez une réunion de contractualisation avec tous les membres de votre équipe, et utilisez une méthode appropriée – et éprouvée – pour obtenir le consensus d'un groupe sur un thème spécifique.

La réunion de contractualisation

Prévoyez une bonne demi-journée (idéalement de 9 heures à 13 heures avec un repas, si possible festif, pris en commun), voire une journée complète si le groupe est conséquent.

Le déroulement d'une réunion de contractualisation est le suivant :

- Rappelez les objectifs de la session, les résultats attendus, les modalités et les règles du jeu.

- Organisez un temps de travail en sous-groupes (idéalement trois sous-groupes de quatre personnes), pour déterminer les droits et les obligations respectifs du chef de projet et des membres de l'équipe. Le résultat sera à fournir dans un format prédéfini, afin de faciliter la restitution en session plénière. Le but est le suivant : bien comprendre la différence entre *droits* et *obligations* et produire pour chaque cadran du tableau ci-dessous sept propositions commençant par un verbe à l'infinitif, synonyme d'action.

Acteurs	Droits	Obligations
Membres de l'équipe	*Avoir une vision globale du projet* …	*Respecter le planning convenu* …
Chef de projet	*Organiser l'équipe et répartir les tâches* …	*Définir et actualiser régulièrement le planning* …

- Les résultats sont saisis sur ordinateur portable (préchargé du format final), pour une restitution en session plénière *via* un vidéoprojecteur.

- Un rapporteur motivé, désigné au début des travaux, présente ensuite les résultats de chaque sous-groupe. Régulez les débats pour vérifier la bonne compréhension de toute l'équipe et enrichir les propositions.

- Faites-en enfin la synthèse et identifiez les divergences et les convergences. Prenez alors l'engagement d'effectuer une remise en forme fidèle des règles définies ensemble et de diffuser la charte le lendemain au plus tard.

- Concluez la séance en revenant sur les objectifs fixés et le résultat attendu, en insistant sur la qualité du débat et le fait que le groupe a validé la très grande majorité des propositions.

Comment mener l'équipe au consensus ?

Lorsque vous avez à prendre une décision capitale, il est souhaitable que vous obteniez l'avis de votre équipe. Le but est de parvenir à un consensus aussi large que possible sur la moins mauvaise des décisions. La méthode décrite dans le tableau suivant peut servir avec profit dans la plupart des cas.

N°	Étape	Observations
1	Rappeler les objectifs de la réunion en les marquant sur le tableau (papier) Faire approuver le groupe	De un à trois, commençant par un verbe à l'infinitif, synonyme d'action
2	Rappeler les grandes lignes du contexte, en les écrivant sur le tableau Faire approuver le groupe	Des faits, des chiffres, des références (si possible sur une seule page)
3	Faire identifier par le groupe les critères de choix discriminants pour la prise de décision Faire approuver le groupe	Trois, classés par ordre décroissant d'importance (exemple : coût, facilité, flexibilité…)
4	Faire produire au groupe des idées concrètes sur le sujet de la prise de décision. Elles doivent être utilisables à court terme et visibles. Les lister au tableau	Effectuer un tour de table, après un temps de réflexion individuelle (demander à chacun de noter trois idées sur une feuille de papier)
5	Regrouper les idées similaires et obtenir une liste de dix idées maximum au tableau. Les numéroter et les hiérarchiser selon la méthode 5, 3, 1[a].	Utiliser le vote à bulletin secret pour que chacun élise son tiercé gagnant

a. Cette méthode consiste, pour chaque participant, à choisir dans la liste obtenue trois idées et à les classer par ordre d'importance décroissante. Chacun obtient donc un tiercé d'idées : la première aura une valeur de 5 points, la deuxième de 3 points et la troisième de 1 point. Ceci génère, en faisant la somme des tiercés de tous les participants, un classement des idées reflétant la position du groupe.

N°	Étape	Observations
6	Sélectionner les deux ou trois idées sorties en tête, après hiérarchisation Faire identifier par le groupe les avantages et les inconvénients de chacune	La méthode est transparente et indiscutable si l'animateur ne prend pas partie à ce stade (à propos des inconvénients et des avantages de chaque idée)
7	Faire prendre au groupe la décision définitive	Si le groupe est partagé entre deux solutions, la décision d'arbitrage revient au chef de projet et n'est plus discutable

Éviter les remises en cause

Vous avez réussi à vous mettre d'accord avec votre équipe sur vos obligations et droits respectifs. Comment les mettre en œuvre sans qu'ils soient par la suite remis en cause ? Les sept règles d'or suivantes seront pour vous un moyen d'atteindre à coup sûr vos objectifs.

Règle n° 1 : formalisez et diffusez dès le lendemain la charte des droits et obligations des membres de l'équipe et du chef de projet. La mise en forme sera faite de telle manière que chacun des sous-groupes se retrouve dans la synthèse (à certaines reformulations près).

Règle n° 2 : rappelez périodiquement, lors des réunions de chantier et avant les comités de pilotage, le contenu de la charte. N'hésitez pas à la placarder sur le panneau d'affichage s'il existe un plateau projet.

Règle n° 3 : soyez intransigeant sur le respect des engagements pris. Vous donnerez naturellement l'exemple, en particulier en ce qui concerne la ponctualité aux réunions (vous devez y arriver le premier), la production et la diffusion du rapport mensuel du projet.

Règle n° 4 : mettez ostensiblement en valeur la cohésion d'équipe chaque fois que vous en avez l'occasion. À ce titre, les réunions de chantier et le comité de pilotage sont des moments privilégiés.

Règle n° 5 : fournissez l'assistance requise, spécialement dans les situations difficiles. Ne comptez ni votre temps ni votre peine pour faire avancer l'équipe dans la bonne direction, surtout lorsque le projet traverse des zones de turbulence.

Règle n° 6 : jalonnez la vie du projet de petites victoires, en les associant à la cohésion d'équipe et donc à la charte du projet. Célébrez ces réussites de manière conviviale.

Règle n° 7 : à la fin du projet, au moment du bilan et du retour d'expérience, n'hésitez pas à faire aussi le point sur les engagements initiaux de chacun. Pointez succès et échecs, en essayant d'en comprendre les raisons. Profitez-en pour inscrire, dans le bilan du projet, un axe de progrès par domaine à améliorer.

Les leçons de l'expérience

La contractualisation d'un projet est l'acte fondateur de la vie en groupe. Ce jalon essentiel, sinon vital, avant de rentrer en phase de réalisation, est d'abord l'occasion d'une première prise de mesure collective de l'implication de chacun. Opportunité privilégiée de développer la cohésion de l'équipe, elle permet aussi la définition, dans le consensus, des engagements des diverses parties (droits et obligations).

© Groupe Eyrolles

Trois écueils à éviter

Faire l'économie de la réunion de contractualisation par manque de temps disponible
Cet « oubli » constitue une faute lourde, car une telle occasion ne se représentera jamais.

Traiter les droits et obligations de chacun en une heure, à l'occasion du séminaire de lancement du projet
C'est mieux que rien, cependant il faut du temps pour s'approprier un tel sujet, et le bâtir ensemble.

Être pseudo-participatif afin que l'équipe aboutisse à une charte définie à l'avance
La manipulation finit toujours par se voir...

Trois conseils à méditer

Dédiez votre troisième[1] réunion de projet à ce thème.
Un groupe ne peut bien fonctionner que si ses membres connaissent clairement les règles du jeu, et les acceptent.

Faites produire la charte par trois sous-groupes travaillant d'abord séparément.
Cette méthode a fait ses preuves de longue date !

Organisez les sous-groupes pour qu'ils soient les plus transverses possible.
Mixer les compétences et les comportements est un gage de réussite.

---

1. La première sera dédiée aux objectifs généraux du projet ; la deuxième au partage des objectifs individuels des équipiers définis lors d'entretiens individuels (voir pratique n° 5).

Règles de vie en mode projet

Voici un exemple de charte pour le bon fonctionnement d'une équipe projet.

Droits	Obligations
Membres de l'équipe projet	
Information sur le projet	**Respect des objectifs**
Avoir une vision globale du projet	Respecter le planning convenu
Disposer d'un accès facile à l'information, à la formation et à la documentation requises	Appliquer la méthode prescrite et fournir les livrables demandés
Pouvoir discuter de la charge et des délais à partir du planning	Être ponctuel (réunions et jalons)
	Ne pas court-circuiter le chef de projet dans son rôle de communicant
Compréhension de sa contribution	**Reporting**
Avoir une définition précise de sa mission au sein du projet	Informer toutes les semaines le chef de projet de son avancement et dialoguer
Refuser la mission si elle n'est pas conforme à son niveau de compétence ou à sa disponibilité	Alerter en cas de problème, en particulier lors de l'analyse fonctionnelle
Pouvoir réévaluer et négocier ses objectifs	
Connaître les critères d'évaluation de son action au sein du projet	**Participation**
Donner son avis et émettre des propositions	Participer activement à toutes les réunions, en étant force de proposition
	Adhérer au projet en faisant preuve de loyauté
Aide et assistance du chef de projet	Aider les autres membres de l'équipe en cas de besoin, soit coopérer
Disposer des outils et du poste de travail adaptés, être isolé de la pression	S'impliquer
Pouvoir demander au chef de projet du soutien et de l'aide si nécessaire	

Droits	Obligations
Chef de projet	

Droits	Obligations
Organisation de l'équipe	**Résolution de problèmes**
Organiser l'équipe et répartir les tâches	Définir et actualiser régulièrement le planning
Fixer les objectifs de chacun des membres de l'équipe	Mettre en œuvre les moyens requis pour résoudre un problème
Déléguer une partie de ses prérogatives	
Récuser un membre de l'équipe si cela se justifie	**Communication**
	Informer sur l'avancement du projet
Prise de décision	Organiser et animer des réunions de projet efficaces toutes les semaines
Exprimer un jugement fondé	Émettre un compte rendu synthétique et fidèle quarante-huit heures après une réunion
Donner un ordre dans l'intérêt du projet	Être disponible, écouter, dialoguer
Arbitrer les décisions, les conflits	
Recourir à la hiérarchie en cas de difficulté	**Respect des engagements**
	Répondre rapidement aux demandes et aux sollicitations de l'équipe
Évaluation	Apporter toute l'aide et le support dont a besoin chacun des membres de l'équipe
Contrôler le bon déroulement des tâches	Soutenir, motiver, récompenser
Préparer l'évaluation annuelle de chaque équipier avec son manager hiérarchique	

Définir rites et rythmes

Vous avez finalisé avec votre équipe une charte précisant les droits et les obligations de chacun. Il vous faut maintenant définir et faire accepter les rites et les rythmes du projet : réunions, communication et – bons – usages. Souvent, cette étape ne se passe pas tout à fait comme prévu.

Histoire vécue

Lucie travaille à la direction des relations clients d'un groupe européen, qui fabrique et distribue des peintures et des colles pour les entreprises de bâtiment et de travaux publics. Ce groupe anglo-néerlandais, basé à Amsterdam, s'est constitué depuis cinq ans au moyen de rachats successifs d'entreprises nationales, leaders sur leur marché. Dans chacun des six pays d'Europe concernés, il existe aujourd'hui :

- deux à trois usines qui fournissent leur territoire respectif en priorité, mais aussi les autres pays en complément ;
- un réseau commercial de distribution directe (agences commerciales) et indirecte (concessionnaires exclusifs).

Ayant atteint sa taille critique, le groupe est en cours de stabilisation. C'est le moment de faire fructifier ses acquis. Le comité exécutif décide alors de lancer une enquête d'opinion auprès de son réseau européen, composé de 340 distributeurs. L'objectif est de mesurer la qualité du service rendu par le groupe et la satisfaction générale. Il s'agit de la première enquête d'opinion de ce type, qui sera normalement renouvelée tous les deux ans.

Lucie est chargée de ce projet international majeur. Forte d'une double expérience de près de sept ans comme commerciale et chef de produit à la direction du marketing de la filiale française, elle vient de rejoindre la direction des relations clients, dont le vice-président est à Londres. Elle-même reste basée à Paris.

Parfaitement trilingue (français, anglais et espagnol), Lucie doit impérativement préparer et réaliser cette enquête d'opinion d'ici six mois. Elle pilote une équipe projet internationale composée d'un représentant par pays. La structure du projet est exposée dans le tableau suivant.

		Étapes	Livrables
Phases	1. Préparation	1.1 Conception du questionnaire	Questionnaire (version de base)
		1.2 Appropriation par les managers des pays	Questionnaire (version enrichie)
		1.3 Traduction en langue nationale	Lettre d'annonce du directeur général de chaque pays
		1.4 Information : management et distributeurs	Mode d'emploi
	2. Réalisation	2.1 Envoi des questionnaires par e-mail	Questionnaire (format électronique)
		2.2 Pilotage des retours (appui sur les agences)	Format de relance (par e-mail et téléphone)
		2.3 Analyse des résultats (quantitatifs, qualitatifs)	Tableau des indicateurs
		2.4 Mise en forme pour présentation	Synthèse des commentaires
	3. Restitution	3.1 Présentation au comité exécutif	Relevé de décisions
		3.2 Mise en forme du plan d'action	Plan d'action (Europe, pays)
		3.3 Diffusion des résultats (en interne, en externe)	Présentation démultipliable
		3.4 Définition des points de contrôle par pays	Planning des revues d'avancement du projet, par pays

Le sponsor du projet (*project owner*) est le vice-président de la direction des relations clients. Le comité de pilotage (*steering comittee*) est le *management comitee*[1] composé des directeurs généraux des filiales. Il se réunit tous les mois à Amsterdam durant une journée. La plate-forme projet est à Londres avec Sue, une assistante bilingue et une salle de réunion dédiée.

Bien évidemment, les habitudes de travail locales, les rites et les rythmes ne vont pas changer à cette occasion ; ils restent spécifiques. Il est exclu, par exemple :

- d'organiser une conférence téléphonique avec toute l'équipe projet à 14 heures (ce n'est pas compatible avec l'heure du déjeuner en Espagne) ;
- de réaliser une vidéoconférence à 18 heures (les Allemands, qui commencent le matin vers 8 heures, sont déjà partis à cette heure-là) ;
- de faire un repas arrosé à la mode française, à l'occasion d'une réunion qui démarrerait à 10 heures pour se terminer à 16 heures (la majorité du groupe dormirait l'après-midi, et les objectifs ne seraient pas atteints)[2] ;
- d'arriver en retard à une réunion (comportement fréquent pour un italien ou un français, *a fortiori* si la rencontre est organisée à Amsterdam ou à Londres. *What a shame !*).

Le séminaire de lancement de deux jours a lieu à Amsterdam, et tout le monde est au rendez-vous *on time*. Les objectifs principaux sont :

- de comprendre les enjeux et l'importance du projet, d'où les interventions du *customer relationship vice president*[3], en ouverture du séminaire, et du *chief executive officer*[4] en clôture ;
- de définir les thèmes majeurs de l'enquête (commercial, marketing, logistique, administration des ventes, support technique, finances, spécificités locales), ainsi que les déclinaisons par thème ;
- de se mettre d'accord sur les rites et les rythmes du projet, c'est-à-dire les réunions, la communication et les usages à respecter.

---

1. Comité de direction.
2. Substitut possible : le sandwich « bourratif » arrosé d'un soda, classique en pays anglo-saxons.
3. Vice-président des relations clients.
4. Président-directeur général.

Lucie a remarquablement préparé sa réunion, notamment les interventions des deux patrons, et les deux premiers objectifs sont facilement atteints. Elle a beaucoup plus de mal avec le troisième : sur le thème du rythme du projet, point de consensus...

Au sujet du comité de pilotage, qui se tient obligatoirement à Amsterdam, un groupe mené par la Belgique recommande la seule présence du chef de projet. Un autre groupe, mené par l'Autriche, préconise la présence de toute l'équipe pendant deux jours ; le premier jour étant réservé à la réunion de l'équipe projet, et le second au comité de pilotage.

À propos des réunions de projet, la position anglo-saxonne (qui suggère une vidéoconférence hebdomadaire) est radicalement différente de la position latine (qui propose un séminaire de deux jours tous les mois... à Paris).

Enfin, en ce qui concerne la communication sur le projet, les tenants de la traduction du bulletin de projet dans la langue locale s'opposent vigoureusement aux adeptes de la seule langue de Shakespeare.

La malheureuse Lucie ne doit son salut qu'au programme très serré de la seconde journée. Elle joue contre la montre, prend note de toutes les positions et précise qu'elle finalisera « la moins mauvaise des approches » avec le sponsor du projet.

___ Les questions-clés ___

Il est vrai que dans un projet de ce type, rendu complexe par la dimension multiculturelle et le management à distance, mettre d'accord les uns et les autres n'est pas chose facile. Il faut être capable à la fois de souplesse et de fermeté, comprendre les vrais besoins et écarter les faux problèmes, utiliser toute la panoplie des moyens possibles et définir un cadre précis, si possible accepté de bon cœur.

? Comment réunir l'équipe projet selon les besoins ?

? Quel type de communication organiser, et selon quelle fréquence ?

? Quels – bons – usages instaurer pour une « respiration » satisfaisante du projet ?

Réunir l'équipe selon les besoins

Reprenons l'exemple du projet international que gère Lucie, dans lequel les membres de l'équipe résident dans leurs pays d'apparte- nance. Dans une telle situation, il est nécessaire de faire preuve d'inventivité pour s'organiser de manière à ce que les équipiers aient l'impression d'être proches et d'appartenir à un ensemble... tout en étant loin et isolés !

Un panachage pertinent de déplacements sur chaque site, d'utilisa- tion au quotidien des moyens technologiques pour communiquer à deux ou en groupe, et de réunions physiques une fois par mois est indispensable.

Cherchant à combiner ces approches, Lucie s'est organisée de la manière suivante :

* elle a affecté la validation de chaque thème du questionnaire au représentant d'un pays, à charge pour lui de l'entériner locale- ment avec sa direction commerciale et de le diffuser aux autres pays, afin qu'ils l'évaluent et l'enrichissent ;
* elle a « accompagné le mouvement » en se rendant dans chaque pays entre la fin du séminaire de lancement et la première réu- nion d'équipe, un mois après, pour finaliser le questionnaire et le processus technique et logistique ;
* elle a prévu une réunion de chantier tous les mois, dans chaque pays à tour de rôle, suivant un planning semestriel prédéfini ;
* elle prépare un comité de pilotage bimestriel et se fait accompa- gner au siège européen de deux à trois représentants des pays, à tour de rôle ;
* elle tient une conférence téléphonique de quarante-cinq minutes avec toute l'équipe projet toutes les semaines, le mardi à 11 heu- res. Cette « réunion » est précédée d'un e-mail comportant un rapport de synthèse sur l'activité de la semaine et les thèmes à aborder ;
* elle restitue le jour même *via* la messagerie le relevé de décisions de la conférence, avec le plan d'action convenu ;
* elle a planifié un rendez-vous téléphonique hebdomadaire de dix minutes avec chaque membre de l'équipe projet ;

- elle utilise de temps en temps la messagerie instantanée, lorsque le correspondant qu'elle souhaite joindre est en ligne. L'objectif est d'envoyer un signal amical et de montrer sa disponibilité pour un échange, si son interlocuteur le juge utile ;
- enfin, elle organise la réunion de finalisation des résultats de l'enquête au siège de la société (Amsterdam) la veille du comité de pilotage dédié, afin qu'il se déroule en présence de toute l'équipe.

Ces dispositions efficaces permettent à Lucie de mener à bien son projet, malgré les difficultés dues à l'éloignement des participants.

Une communication appropriée

Comment communiquer, et selon quelle fréquence ? Les deux écueils à éviter dans un projet significatif comme celui de Lucie sont de « sous-communiquer » et de « sur-communiquer ».

Ni trop ni trop peu

Le fait de ne pas communiquer assez part en général d'un bon sentiment. Les propos tenus par les adeptes de la sous-communication sont par exemple :

- « Inutile de dire que l'équipe est au travail, c'est sa mission ! » ;
- « Mieux vaut ne rien dire que parler de tous les problèmes survenus, qu'on essaie de résoudre tant bien que mal » ;
- « Nous communiquerons le moment venu, quand tout sera prêt ! »

À l'inverse, le fait de trop communiquer tient souvent aussi à de bonnes raisons :

- « Il faut donner une visibilité sur l'avancement du projet en cours de route, pour motiver le management et les bénéficiaires du projet » ;
- « Si nous ne communiquons pas, nous ne contrôlerons plus rien » ;
- « Nous devons communiquer régulièrement, à tous les niveaux. C'est une obligation pour toute équipe projet ».

Une fréquence et une forme adaptées

Comment trouver le juste milieu ? Choisissez les bons rites et proposez-les au bon rythme. Par exemple, à la place de Lucie, vous auriez pu :

- toutes les semaines, diffuser le compte rendu de la réunion de chantier (à destination de l'équipe) ;
- tous les mois, émettre :
  - d'une part, un rapport d'activité destiné au comité de pilotage,
  - d'autre part, un compte rendu de ce comité diffusé à l'équipe projet et transmis aux managers locaux par les représentants des pays ;
- tous les deux mois, publier un bulletin de projet. Il sera transmis aux managers locaux par les représentants des pays, avec une traduction en langue locale, pour diffusion ;
- périodiquement, organiser des réunions d'information locales, s'adressant en particulier aux équipes commerciales et marketing des pays ;
- un mois avant la diffusion de l'enquête aux distributeurs, établir un plan de communication adapté, afin de susciter leur intérêt et de leur donner envie de répondre vite et bien.

Quelques rites éprouvés

Quels usages instaurer pour que le projet se déroule dans une ambiance satisfaisante ? Il n'existe pas de règle absolue, tout dépend du projet, du contexte et de votre personnalité. À titre d'illustration, voici quelques idées expérimentées avec succès par l'auteur.

Rite n° 1	Choisissez avec l'équipe un nom pour le projet (nom d'étoile, lettre de l'alphabet grec, acronyme...)
Rite n° 2	Accueillez les membres de l'équipe à la réunion hebdomadaire avec du café et des viennoiseries
Rite n° 3	Fêtez les anniversaires au champagne (inscrivez-les dans votre agenda)

Rite n° 4	Fêtez les saints du jour : un baiser sur la joue pour les filles, une tape amicale pour les garçons (notez-les de même dans votre agenda)
Rite n° 5	Demandez systématiquement un euro d'amende pour tout retard aux réunions, afin d'alimenter une cagnotte « Projet » pour faire la fête le moment venu
Rite n° 6	Organisez un déjeuner mensuel à l'extérieur avec toute l'équipe, afin de renforcer les liens dans la convivialité
Rite n° 7	Prévoyez une soirée festive « typique » à chaque fin de phase (dans un pays différent si le projet est international)

Les leçons de l'expérience

Dans un projet, les rites et les rythmes sont des repères qui contribuent à développer la solidarité de l'équipe. Vous en êtes l'inspirateur, et le garant dans la continuité, même si l'équipe est bien sûr naturellement sollicitée pour identifier de nouveaux rites.

Trois écueils à éviter

Planifier les réunions au mois le mois, en pensant ainsi s'adapter au contexte
Vous ne réunirez jamais tout le monde en même temps.

Se fier à la *vox populi* – de l'équipe projet – pour définir la communication du projet
Votre expérience prévaut : vous devez être force de proposition.

Confier la rédaction du bulletin de projet à un membre de l'équipe à tour de rôle
Dérapages et frustrations risquent d'en découler. C'est à vous de vous en occuper !

Trois conseils à méditer

Planifiez les événements sur un semestre.
Soyez rigoureux, faites respecter le planning d'une main de fer (et respectez-le !).

Lors de toute communication, mettez-vous d'abord à la place des lecteurs.
Vous communiquez pour eux, et non pour vous.

Instaurez des rites, même si cela vous semble puéril au premier abord.
Nous sommes tous de grands enfants…

Référentiel des événements du projet

Acteurs	Événements	Fréquence (durée)
Sponsor **Membres du comité de pilotage**		
	Séminaire de lancement	Unique, au début du projet (une journée)
	Réunion du comité de pilotage	Mensuelle (une heure et demie)
	Entretien entre le sponsor et le chef de projet	Bimestriel (une heure et demie)
	Séminaire de clôture : bilan, retour d'expérience	Unique, à la fin du projet (une journée)
	Communication périodique *via* un bulletin de projet	Mensuel ou bimestriel
	Événement festif	Unique, après la clôture du projet
Équipe projet		
	Réunion de chantier	Hebdomadaire (une demi-journée)
	Réunion de contractualisation	Unique, troisième réunion (une demi-journée)
	Réunion de fin de phase	Après chaque clôture de phase (une heure et demie)
	Revue de projet	À la demande du sponsor ou du chef de projet (une demi-journée)
	Recette du projet	Unique, à la fin des développements
	Bulletin de projet	Mensuel ou bimestriel
	Célébration des petits succès	Tout au long du projet
	Événement festif	Unique, après la clôture du projet

Acteurs	Événements	Fréquence (durée)
Utilisateurs		
	Réunion de prototypage	Hebdomadaire en phase de développement (une heure et demie)
	Réunion d'information générale	À la demande (une heure et demie)
	Réunion de validation (panel d'utilisateurs-clés)	En phases de développement et de test (une demi-journée)
	Démonstration (maquette)	En cours de projet (une heure et demie)
	Communication périodique *via* un bulletin de projet	Mensuel ou bimestriel

Se préparer
aux « étapes d'âme » du projet

Les rites et les rythmes du projet étant définis et approuvés, vous pouvez penser que l'équipe est prête pour entrer en phase de réalisation. C'est peut-être aller un peu vite en besogne... Une équipe projet est analogue à un être humain, elle vit des moments d'enthousiasme et des instants de doute, subit des conflits ou les provoque. Elle sait aussi reconnaître ses faiblesses et se construire dans la durée. Vous devez être prêt à affronter ces « étapes d'âme ».

Histoire vécue

Frédéric, que tout le monde appelle Fred, est le comptable d'une petite entreprise familiale implantée dans le Sud-Ouest, distributrice de matériaux de construction aux artisans et aux particuliers.

Bien située à la périphérie de la ville, l'entreprise dispose d'un vaste terrain où elle entrepose les matériaux de construction, stockés par famille d'articles. Les bureaux sont installés au rez-de-chaussée d'une grande maison de maître, le premier et le deuxième étage étant réservés au logement du dirigeant et de sa famille.

Pour agrandir les bureaux et disposer de plus de place pour la réception de la clientèle, les cloisons ont été abattues au rez-de-chaussée. Tout a été repeint à neuf durant la fermeture du mois d'août, l'année dernière.

Il reste maintenant à décorer les locaux. Le patron demande à Fred d'animer deux à trois réunions avec toute l'équipe pour choisir, dans le consensus, la décoration de cet espace. Un budget de 2 500 € est alloué au projet, et les recommandations doivent être formulées dans les quinze jours.

Fred est très flatté de cette marque de confiance. Très fiable, minutieux, il avance toujours, dit-il, « en mettant posément un pied après l'autre, sans précipitation ». D'un caractère réservé et aimable, il souhaite que l'harmonie règne dans cette équipe dont il est le plus ancien membre.

L'équipe comporte, outre le patron et son bras droit Fred, une réceptionniste-standardiste (Josiane), un aide-comptable (Nadim), deux gestionnaires administratifs (Sandra et Julie), deux magasiniers (Franck et Paul) et un cariste (Luis).

Aujourd'hui, c'est la première fois que le groupe se rassemble dans la salle à manger, transformée en salle de réunion pour la circonstance. Un *paper board* tout neuf a été installé.

Fred commence par rappeler l'objectif de la séance (proposer un projet de décoration des bureaux dans le cadre d'un budget de 2 500 €), les résultats attendus (une recommandation sous quinze jours) et les modalités (trois réunions d'une heure et demie, l'équipe ayant toute liberté pour faire des propositions).

Il demande ensuite à chaque participant de noter sur des feuilles de papier leur suggestion, avant de les relever. Elles sont ensuite présentées à tour de rôle par chacun, et consignées au tableau. Fred est chargé d'animer le groupe et de trouver une solution, sans se montrer directif sur le fond.

À la fin du tour de table, il est très perplexe : aucun consensus ne se dégage. En effet, il y a autant de propositions que de participants :

- Josiane recommande des affiches de voyage de la Belle Époque, qu'elle peut se procurer à prix raisonnable chez un brocanteur de sa connaissance. Encadrées à l'ancienne, avec des baguettes dorées, elles plairaient aux clients et au personnel.

- Nadim préconise d'acheter des reproductions de toiles d'impressionnistes. Ces tableaux harmonieux et colorés mettraient une note de gaieté dans les locaux, tout en donnant, de l'entreprise, une image de qualité.

- Sandra privilégie des dessins d'enfants, regroupés sur un mur d'images, offrant une vue conviviale de l'entreprise. Cela fidéliserait les clients et motiverait les collaborateurs.

- Julie se sent peu concernée. Elle n'a pas d'avis et se ralliera à celui du groupe, quel qu'il soit. Elle souhaite cependant qu'une décision soit prise rapidement, car elle a du travail en retard et ne veut pas perdre de temps.

- Paul plaide avec énergie pour une grande fresque peinte sur le mur du fond. Elle représenterait une maison en construction avec, bien en vue, des matériaux vendus par l'entreprise.

- Franck propose de laisser les murs nus et d'utiliser le budget pour récompenser, sous forme de primes, les efforts de toute l'équipe au cours des six premiers mois de l'année (le chiffre d'affaires a crû de près de 12 % par rapport au premier semestre de l'année précédente).

- Luis, enfin, se fait le chantre de la « vie en vert » : il suggère des arbustes en pots (orangers, oliviers), des bouquets de fleurs artificielles et un petit bassin circulaire avec un jet d'eau. Cela insufflerait une ambiance calme et sereine (qui apaiserait les clients pressés ou mécontents).

Fred essaie alors de rapprocher les différents points de vue, sans résultat. Le ton monte, les esprits s'échauffent, la réunion tourne à la cacophonie. Personne n'écoute plus personne. La belle unité du début a volé en éclat. Deux clans se sont formés : d'un côté ceux qui recommandent une décoration plutôt destinée aux collaborateurs (dessins d'enfants, affiches, plantes vertes), de l'autre ceux qui privilégient les clients (reproductions de toiles de maître, fresque murale).

Fred interrompt alors la réunion pour « décanter » les avis recueillis et propose une rencontre la semaine suivante, afin d'essayer de trouver un terrain d'entente. Comment va-t-il sortir de cette impasse ?

───── **Les questions-clés** ─────────────────────

Fred n'a pas à être préoccupé outre mesure par ce qui s'est passé durant la réunion. La cohésion d'un groupe, appelé à travailler ensemble dans la durée, passe par quatre phases avant de produire les résultats escomptés : un temps de formation suivi d'un temps d'opposition, puis un temps de normalisation suivi d'un temps de reconstruction. Ces phases peuvent durer l'espace d'une ou de deux réunions, parfois plus.

?   Comment gérer ces « étapes d'âme du projet », et faire en sorte que l'équipe retrouve très vite sa cohésion et sa productivité ?

Étape 1 : donner du sens

Que se passe-t-il lors du premier temps dit « de formation » ? Nous prendrons ici l'exemple du projet dont s'occupe Fred.

Le comportement du groupe

Le groupe cherche ses marques. Il collecte et échange des informations. Chacun se familiarise avec les autres, des rituels s'instaurent, des habitudes se prennent.

Des incertitudes, latentes ou exprimées, apparaissent : « Sommes-nous vraiment qualifiés pour choisir la décoration des bureaux ? », « C'est au patron de décider ! »…

Des alliances se forment, selon les affinités personnelles (Sandra et Josiane) ou professionnelles (Franck et Paul). Des clans peuvent se constituer et s'opposer. On peut aussi assister à des replis, des dérobades – c'est le cas de Julie – : « Je n'ai pas d'avis sur un tel sujet », « Je me rallierai à la position du groupe. »

La conséquence de cet état de fait est une perte de confort collectif pour le groupe, qui passe progressivement :

- d'une attitude d'expectative (« Attendons de voir comment les choses vont tourner », « Nous manquons d'informations pour nous décider », « Prenons le temps de la réflexion… ») ;
- à une attitude de doute, voire de désaccord plus ou moins marqué (« Il faut revoir les objectifs du projet : que veut le patron ? », « Le budget est sous-dimensionné si l'on veut une décoration de qualité ! »…).

Le rôle du chef de projet

Comment réagir dans une telle situation ? À la place de Fred, vous auriez pu donner du sens à l'action, c'est-à-dire :

* rappeler les enjeux et les objectifs du projet, l'alignement sur la stratégie de l'entreprise (projeter une image de qualité et de convivialité), les bénéfices attendus (des clients plus satisfaits et donc plus fidèles), l'importance des ressources engagées (le budget) ;
* mettre en lumière les actions et les contributions des membres qui vont concourir à la décision finale et à la réussite du projet ;
* souligner la confiance du responsable qui délègue à son équipe le choix de la décoration des bureaux.

Étape 2 :
recadrer, permettre à tous de s'exprimer, réguler

Que se passe-t-il lors du deuxième temps dit « d'opposition » ? Nous prendrons ici, et dans les étapes suivantes, l'exemple de projets plus classiques.

Le comportement du groupe

Le groupe a tendance à remettre en cause les premières règles qui ont été fixées (par exemple, « La périodicité hebdomadaire du reporting individuel formel est utopique, la quinzaine est bien plus appropriée ! »).

La compétition bat son plein, au détriment de l'efficacité. C'est le temps des vedettes en solo : certaines activités sont dissimulées, le jeu n'est plus collectif. Le groupe passe beaucoup trop de temps en discussions stériles, trop d'idées sont lancées en même temps. On cherche parfois des boucs émissaires (les sous-traitants, les objectifs déraisonnables du retour sur investissement...).

La conséquence de cet état de fait est l'exacerbation de la défense des positions individuelles, qui conduit à la confusion totale du groupe.

Ce dernier passe progressivement :

- d'une attitude de doute, voire de désaccord plus ou moins marqué ;
- à une attitude d'agressivité (« Il faut "trancher dans le vif" des demandes supplémentaires » ou « Les acteurs les plus concernés par le projet ne jouent pas le jeu »).

Le rôle du chef de projet

Prenez en compte cette opposition tout en la dédramatisant :

- recadrez la discussion en relativisant les problèmes. Séparez l'essentiel des points moins importants (souvent objets des dissensions), et clarifiez les rôles de chacun, en rappelant la nécessité impérieuse de « jouer collectif » ;
- faites en sorte que tous les participants s'expriment aussi complètement que possible, séparez les vrais problèmes ressentis des faux, procédez à la « purge[1] » du groupe et des opposants ;
- régulez les débats, en rappelant la nécessité de s'écouter pour se comprendre. Répétez que la réussite d'un projet passe par l'entente de l'équipe qui le met en œuvre.

Étape 3 : encourager, motiver, récompenser

Le comportement du groupe

Au troisième temps dit « de normalisation », le groupe fait face plus sereinement aux conflits et recherche des solutions en commun plutôt que des responsables aux problèmes identifiés.

Il n'y a plus de rétention d'informations, le partage des données est à nouveau privilégié. Les réticences s'estompent, la prise de conscience des dysfonctionnements individuels et collectif commence.

---

1. Purger un groupe (en créativité) consiste à faire exprimer spontanément, par chaque participant, les premières idées ou les premières difficultés perçues en début de réunion.

Chacun est prêt à reconnaître ses faiblesses et à prendre ses responsabilités. C'est le moment de planifier la réunion de contractualisation, car le groupe est désormais dans de bonnes dispositions.

Les conséquences de cet état de fait sont la recherche d'une vue commune et la stabilisation du groupe, qui passe progressivement d'une attitude d'agressivité marquée à une attitude d'écoute individuelle et collective (« Nous surmonterons ces difficultés passagères en associant nos points forts » ou « Ton expérience est certaine et nous suivrons tes recommandations »).

Le rôle du chef de projet

Encouragez les progrès, même minimes, relatifs à la compréhension de la situation et à l'écoute.

Vous pouvez récompenser un ou deux membres de l'équipe parmi les plus contributifs (lors d'une avancée significative, envoyez par exemple une lettre de félicitations accompagnée d'un bon pour un déjeuner à deux).

Enfin, motivez votre équipe par vos paroles et vos actes, en donnant des signes tangibles de reconnaissance aux plus actifs dans la mise en œuvre de la normalisation.

Étape 4 : valoriser les progrès et l'harmonie de l'équipe

Le comportement du groupe

Lors du quatrième temps dit « de reconstruction », le groupe fait preuve de coopération systématique dans la résolution des problèmes qui subsistent. Le jeu est collectif et s'appuie sur les talents et la bonne volonté de chacun.

C'est le temps du consensus et de la solidarité. La réunion de contractualisation a permis de clarifier les droits et les obligations de chacun. La définition des rites et des rythmes du projet a été une occasion supplémentaire de tester le consensus et la solidarité qui sont maintenant perçus comme des facteurs déterminants pour l'effi-cacité de l'équipe.

Les conséquences de cet état de fait sont l'ouverture aux autres, l'effi-cacité et la maturité du groupe, qui passe progressivement :

- d'une attitude d'écoute ;
- à l'adhésion pleine et entière à l'équipe et au projet.

Le rôle du chef de projet

Efforcez-vous de valoriser les progrès et de les rendre tangibles pour ancrer le groupe dans sa détermination. Le but est de maintenir l'harmonie retrouvée, en particulier face aux difficultés qui ne man-queront pas de survenir tout au long du projet.

Les leçons de l'expérience

Vous devez impérativement vous préparer aux « étapes d'âme » du projet. Même si ces phases sont franchies rapidement, il s'agit d'un mal nécessaire le temps d'une ou deux réunions. C'est dans cette pre-mière expérience de la difficulté de vivre ensemble que vous puiserez les forces indispensables pour affronter le gros temps qui pourrait survenir.

Trois écueils à éviter

S'imaginer que l'enthousiasme ressenti lors du lancement du projet va perdurer
Ne soyez pas utopiste : il n'y a rien de plus volatil que l'enthousiasme des débuts !

Vouloir forcer l'allure et aller directement de la phase « formation » à la phase « normalisation »
Vous ne pouvez ici brûler les étapes ; le groupe se construit avec le temps.

Penser que la phase de reconstruction a définitivement stabilisé l'équipe
C'est souhaitable ! Malheureusement, il existe des risques de rechute…

Trois conseils à méditer

Le passage par différentes phases est un processus normal et souhaitable.
Prenez-le comme un rite initiatique, une expérience utile au tout début du projet.

Restez attentif aux signaux faibles indiquant une baisse de motivation.
Faites preuve d'écoute et d'empathie.

Rendez-vous disponible en évitant de trop forcer l'allure au début.
Qui veut voyager loin ménage sa monture.

Aide-mémoire des étapes d'âme du projet

ÉTAPE 1 - FORMATION	ÉTAPE 2 - OPPOSITION
Attitude	**Attitude**
De l'expectative au doute	Du doute à l'agressivité
Constats	**Constats**
Rituels de familiarisation	Remise en cause des règles
Collecte et échange d'informations	Esprit de compétition
Incertitudes latentes ou exprimées	Activités dissimulées
Formation d'alliances	Recherche de boucs émissaires
Stéréotypes	Perte de temps, idées inutilisables
Conséquences	**Conséquences**
Perte de confort	Chacun défend son point de vue
Début des désaccords	Confusion générale
Action du chef de projet	**Action du chef de projet**
Donner du sens au groupe et à la situation	Recadrer, permettre à tous de s'exprimer, réguler
ÉTAPE 3 - NORMALISATION	ÉTAPE 4 - RECONSTRUCTION
Attitude	**Attitude**
De l'agressivité à l'écoute	De l'écoute à l'adhésion
Constats	**Constats**
Volonté de faire face aux conflits	Coopération systématique
Recherche de solutions	Recherche de compromis
Reconnaissance de ses faiblesses	Résolution des problèmes
Clarification des responsabilités	Cohésion et identité
Partage des informations	Consensus et solidarité
Conséquences	**Conséquences**
Recherche d'une vue commune	Ouverture aux autres, interdépendance
Stabilisation	Efficacité et maturité
Action du chef de projet	**Action du chef de projet**
Encourager, motiver, récompenser	Valoriser les progrès et l'harmonie

PRATIQUE N° 10

Insuffler l'énergie et l'entretenir

Tout est prêt ! Le cadre du projet est balisé. Dans l'équipe, les talents comme les comportements sont complémentaires. Les candidats ont été soigneusement identifiés et motivés, leurs managers sont impliqués et leurs objectifs annuels ont été revus pour être compatibles avec ceux du projet. Les droits et les obligations de chacun, comme les rites et les rythmes du projet, ont été définis dans le consensus. Une première expérience des « étapes d'âme du projet » a permis à toute l'équipe de franchir un cap initiatique. Il ne reste plus qu'à produire et à vivre heureux…

Histoire vécue

Télévendeur dans une société du Nord de la France, qui distribue des fournitures de bureau aux entreprises et aux administrations, Jean-Luc s'occupe principalement des grands comptes du secteur tertiaire.

Il n'a pas son pareil pour décrocher de nouvelles commandes. Par ailleurs, il sait aussi faire fructifier son « capital confiance » auprès de ses clients actuels, et développe régulièrement le chiffre d'affaires qu'il réalise avec eux.

Jean-Luc s'apparente plus à un sprinter qu'à un coureur de fond : la « chasse » lui plaît plus que « l'élevage », pour parler le langage de la vente. Il a besoin de victoires rapides pour entretenir son tonus, et le plus souvent, il les obtient.

Après cinq années d'excellents résultats, il est temps pour lui de prendre davantage de responsabilités. Une opportunité se présente : l'entreprise souhaite diversifier l'activité « fournitures de bureau » en distribuant des cartouches d'impression à la marque, compatibles ou remanufacturées[1].

Le directeur général est prêt à confier ce nouveau défi à Jean-Luc. Son rôle sera d'animer une petite équipe dédiée à ce marché, composée d'un télévendeur « junior » (en charge des petites et moyennes entreprises) et d'une assistante commerciale expérimentée. Le démarrage de l'activité est prévu début avril, soit dans trois mois environ. Les contrats de distribution sont en effet toujours en cours de négociation.

L'année vient de s'achever, Jean-Luc a transmis ses clients à son successeur et se prépare à ses nouvelles responsabilités. Pour tester sa capacité d'organisation et de management, le directeur général lui demande d'assurer une mission de confiance pendant trois mois. Il recherche un chef de projet disponible et motivé, qui organise, prépare et conduise la première convention commerciale destinée aux télévendeurs, aux assistantes commerciales et à leur encadrement (cinquante personnes environ).

D'une durée de deux jours (vendredi et samedi, moitié travail, moitié loisirs), la convention doit avoir lieu dans un endroit festif. Jean-Luc a carte blanche quant à son organisation, avec deux contraintes à respecter : un panel de commerciaux et d'assistantes interviendra pour exprimer les besoins et valider la solution retenue ; le budget maximum est de 120 000 €.

Le jeune homme ne perd pas de temps : il constitue très rapidement un panel de huit collègues et tient deux premières réunions efficaces. L'avis est unanime : idéalement, la convention devrait avoir lieu dans un pays chaud au bord de la mer, par exemple dans un club de vacances offrant la possibilité de se livrer à des activités sportives et ludiques.

Muni du blanc-seing du groupe, Jean-Luc explore avec détermination les sites des agences de voyages en ligne. Il y a pléthore de destinations et d'offres sur le pourtour de la Méditerranée. Une seule ombre au tableau : le budget alloué est insuffisant...

---

1. Composées en partie d'éléments réutilisés.

Qu'à cela ne tienne, Jean-Luc réunit à nouveau l'équipe afin d'étudier une autre proposition : un séjour à Deauville, pour profiter des prix hors saison des grands hôtels... et du casino. Le groupe ne se rallie qu'à contrecœur à cette solution de substitution, incitant plutôt le chef de projet à tenter de négocier d'abord une rallonge budgétaire.

L'épisode suivant se déroule dans le bureau du directeur général. Jean-Luc a confiance dans ses talents de négociateur. Il développe son projet (avec sa proposition concernant Deauville) et met en valeur les arguments en faveur d'une augmentation du budget.

Las ! Le directeur général oppose une fin de non-recevoir sur deux plans : il n'allouera pas un euro de plus au projet, et il est hors de question de choisir Deauville, à cause du casino. Ce lieu offre trop de tentations pour les collaborateurs, et trop de risques pour l'entreprise en termes d'image.

Ne se laissant pas abattre, Jean-Luc réunit l'équipe pour la quatrième fois. Après avoir plaidé sa cause, il relance les débats et propose de trouver une solution innovante respectant la contrainte financière.

Le cœur n'y est plus... Le groupe ne croit plus à la viabilité du projet, ou tout au moins du projet dont il rêvait. Pour en finir, car toutes ces réunions se font au détriment du travail quotidien, les commerciaux demandent au malheureux chef de projet de trouver tout seul une solution, avant de leur en parler. Ils se décideront à ce moment-là...

Jean-Luc est désemparé : comment remplir sa mission et satisfaire tout le monde ? Le groupe a perdu son tonus. Lui-même est fatigué de tourner en rond. Le patron lui aurait-il tendu un piège pour le tester ? Doit-il renoncer ?

Heureusement, le soir venu, son épouse lui fait part d'un projet de séminaire de motivation auquel elle est conviée, et qu'elle a chiffré en sa qualité de contrôleur de gestion. Il s'agit d'un séjour en hôtel trois étoiles, près de Biarritz, à deux cents mètres de la plage. Une société spécialisée en animation festive propose en complément un rallye en équipe, à bord de 4 x 4, dans les collines environnantes, ainsi qu'une initiation au rafting sur un torrent de moyenne montagne. Il ne reste plus qu'à convaincre chacun des membres de l'équipe, mais Jean-Luc en fait son affaire !

Mieux vaut prévenir que guérir

Pour motiver les autres, écrivions-nous en introduction de ce livre, il faut impérativement être motivé soi-même. C'est le seul moyen de transmettre l'énergie indispensable à l'action de l'équipe en toutes circonstances.

Comment prévenir les baisses de tonus ? Faisons une analogie avec l'entretien d'une voiture de compétition. Grâce aux trois précautions suivantes, vous anticiperez les baisses de régime et les incidents.

Un entretien régulier

Un conducteur sage vérifie périodiquement le niveau d'eau et d'huile, gonfle les pneus par forte chaleur et met de l'antigel quand la température descend.

De la même manière, conduisez régulièrement des entretiens informels avec chaque membre de votre équipe. C'est une occasion privilégiée d'écoute, de dialogue et de compréhension qui vous fera prendre conscience d'éventuelles baisses de tonus. Si besoin, vous rechargerez les « accus » défaillants en proposant un accompagnement personnalisé.

Une révision périodique

Tous les 15 000 kilomètres, un spécialiste vérifie tous les organes du moteur, les amortisseurs et les pneumatiques, et procède, le cas échéant, aux réparations et aux remplacements de pièces requis.

De la même manière, procédez à un entretien formel mensuel avec chaque membre de votre équipe. Vous ferez ainsi le point sur les objectifs et les résultats attendus pour la période, la réalisation effective, et éventuellement les écarts par rapport au plan d'action. Cet entretien développe aussi la motivation et renforce l'implication individuelle.

Un test de performances

Réalisé en station diagnostic, un test de performances permet de disposer d'une photographie à l'instant t du niveau des performances du véhicule.

De la même manière, faites réaliser une revue de projet, au moins à mi-parcours, si vous percevez le moindre signe de défaillance ou de baisse d'énergie. Cette revue consiste à réunir toute l'équipe pour examiner de manière formelle tous les aspects du projet à date, faire un diagnostic et émettre des recommandations. Menée par un professionnel chevronné qui n'a pas de relation avec le projet, afin de garantir sa neutralité, elle conduit souvent à identifier des dysfonctionnements au sein de l'équipe.

Maintenir l'équipe en condition

Poursuivons notre analogie : voici trois techniques qui garantiront que votre équipe tourne à plein régime.

Un démarrage au quart de tour

Un véhicule doit démarrer immédiatement par tous les temps : cela implique de surveiller en permanence l'allumage et le niveau de la batterie.

De la même manière, vous vous assurerez tous les jours que chaque équipier est à son poste, qu'il réalise les tâches prévues et qu'il n'est pas dans l'attente de la résolution d'un problème ou d'une assistance externe.

Le maintien en condition opérationnelle

À tout moment, un véhicule doit être capable de réagir à n'importe quel type de stimulation avec une efficacité optimale.

De la même manière, vous vérifierez en permanence que vos équipiers disposent des outils et des méthodes pour non seulement assurer leur mission, mais aussi réagir très vite à une nouvelle demande compatible avec leurs compétences et leur disponibilité.

Assistance et support à tout instant

Une équipe de mécaniciens hautement qualifiés est chargée de parer à toute éventualité avec la plus grande célérité.

De la même manière, vous mettrez à tout moment à la disposition de votre équipe l'assistance dont elle peut avoir besoin. Cela implique la disponibilité des experts prévus en renfort sur des thèmes spécifiques, mais aussi la vôtre, pour réagir rapidement à toute sollicitation.

Un dynamisme indéfectible

Terminons avec notre analogie : voici deux savoir-faire permettant d'insuffler l'énergie qui vous fera triompher des difficultés et conduire votre équipe au bout du projet.

Une bonne résistance aux chocs

Les constructeurs de véhicules renforcent la caisse et fait appel à de nouveaux matériaux qui absorbent les chocs frontaux sans se déformer.

De la même manière, vous devez faire preuve d'une solide résistance à l'échec et à la frustration. Votre seule certitude, tout au long du projet, est que vous serez confronté à des difficultés de tout ordre : spécifications « rampantes », démission d'une ressource critique, défaillance d'un sous-traitant, risques insuffisamment maîtrisés, utilisateurs insatisfaits… Faites face sans montrer trop d'inquiétude et soyez inventif pour résoudre chaque problème.

Un optimisme à toute épreuve

Comme le pilote ou l'équipe de mécaniciens, vous devez croire à la réussite du projet. Cette attitude positive renforcera la cohésion de votre équipe. Être optimiste en toutes circonstances, sans nier les difficultés mais en cherchant à les résoudre, est le meilleur stimulant dans l'action.

Enfin, faites preuve d'une énergie sans faille, montrez que vous avez la volonté de réussir. Un chef de projet doit payer de sa personne. Toujours en mouvement, jamais découragé, prêt à relever de nouveaux défis, il montre l'exemple et trace la voie. Souvenez-vous que l'énergie est contagieuse !

Les leçons de l'expérience

Le fait de savoir insuffler l'énergie tout au long du projet, malgré les épreuves et quelles que soient les circonstances, marquera véritablement votre professionnalisme. Cette capacité à « énergiser » les membres de son équipe n'est pas donnée à tout le monde. Elle se développe avec l'expérience et se renforce à chaque difficulté surmontée.

Trois écueils à éviter

Penser que les rencontres informelles avec chacun des membres de l'équipe sont une perte de temps
Ces entrevues constituent le meilleur moyen de sentir les baisses de tonus, afin de réagir à temps.

Vouloir faire l'économie d'une revue de projet quand tout semble aller bien
C'est justement lorsque le projet semble « ronronner » qu'une vue « extérieure » de la situation est utile.

Estimer qu'il faut parfois ralentir le rythme pour repartir de plus belle
Un projet est toujours une course contre la montre. Dans ce cas-là, le coureur qui veut gagner ne ralentit jamais.

Trois conseils à méditer

Apprenez à encaisser les coups durs et à résister au stress.
« Point n'est besoin d'espérer pour entreprendre, ni de réussir pour persévérer[1]. »

Montrez toujours que vous restez optimiste dans les épreuves.
Dans les moments difficiles, surveillez votre comportement, car l'équipe a les yeux fixés sur vous.

Souvenez-vous de la définition du mot énergie : la force en action, la puissance.
Soyez en mouvement et entraînez les autres.

---

1. Phrase attribuée à Guillaume d'Orange, dit « le Taciturne ».

Check-list après envol : les trois manettes

Manette 1 – Surveillance des niveaux		
Entretien courant	→ Entretiens spontanés	☐
Révision périodique	→ Réunions mensuelles	☐
Station disgnostic	→ Revue de projet	☐

Manette 2 – Mise sous tension	
Démarrage au quart de tour, par tous les temps	☐
Maintien en condition opérationnelle	☐
Assistance et support à tout instant	☐

Manette 3 – Dynamisation	
Résistance aux chocs et à la frustration	☐
Foi dans la réussite, optimisme à toute épreuve	☐
Volonté de réussir et énergie sans faille	☐

Si la majorité des cases ne sont pas cochées, préparez-vous à des déboires.

Si seules quelques cases ne sont pas cochées, prenez sur vous pour y remédier.

Si vous avez pu cocher toutes ces cases, le projet est vraiment bien parti !

En guise de synthèse

Le management de projet n'est pas une science, mais un art difficile. Pour réussir au mieux la construction d'une équipe performante et motivée, trois ingrédients sont indispensables.

Du temps…

Ne partez jamais trop vite : balisez tout d'abord le cadre du projet avant de constituer votre équipe.

Résistez à la tentation d'entériner trop rapidement les candidatures proposées : prenez le temps auparavant d'identifier les compétences requises.

Enfin, ayez soin d'équilibrer en parallèle les comportements, dans la mesure du possible.

De la patience…

Développez la motivation des candidats pressentis, et celle de leurs managers respectifs, afin de garantir la cohérence entre les objectifs annuels de vos futurs équipiers et ceux du projet.

Définissez dans le consensus les règles de vie en communauté : règles du jeu, droits et obligations de chacun, rites et rythmes du projet.

Un groupe a besoin de s'ajuster : laissez d'abord les « étapes d'âme » s'exprimer avant de le construire.

De la détermination…

Développez votre résistance à l'échec et à la frustration pour faire face à tout type de situation et surmonter les difficultés inhérentes à tout projet.

Rayonnez, faites preuve d'optimisme en permanence et de sérénité dans les situations difficiles : vous devez être un exemple pour votre équipe !

Dynamisez les membres de l'équipe en manifestant une énergie iné-puisable, afin d'entraîner le groupe.

Et maintenant, par où commencer ? Ayez une vue globale sur vos priorités ; donnez-vous des axes de progrès ; définissez votre plan d'action, et mettez-le en œuvre.

Bon courage et bonne chance !

Votre plan de progrès

Définissez trois objectifs avec un critère de mesure associé à chacun, en précisant les moyens requis pour leur réalisation.

Identifiez, d'une part, les bénéfices si ces objectifs sont atteints, d'autre part, les risques s'ils ne le sont pas, pour vous comme pour l'équipe. Finalisez votre plan en définissant un nombre limité d'actions, une date « au plus tard » pour leur réalisation et les moyens requis.

Et souvenez-vous, l'efficacité d'un plan d'action est inversement proportionnelle au nombre d'actions : plus on en prévoit, moins on en fait !

Thème		
Objectifs	Critères de mesures	Moyens associés
Bénéfices		Risques si objectifs non atteints
Action	Date	Comment ?

Bibliographie

ALBERT É., *Le manager durable*, Éditions d'Organisation, 2004.

CAYATTE R., RODACH G., *Les clés de l'employabilité*, Éditions Liaisons, 2006.

CAYATTE R., RODACH G., *Hercule Martin manager, face au changement permanent*, Éditions Liaisons, 2006.

DES MESNARDS P.-H., *Analyser les besoins des clients*, Éditions d'Organisation, 2007.

DIRIDOLLOU B., *Manager son équipe au quotidien*, Éditions d'Organisation, 2005.

FERNANDEZ A., *Le chef de projet efficace*, Éditions d'Organisation, 2005.

GEORGES P. M., *Gagner en efficacité en équipe*, Éditions d'Organisation, 2004.

LONGIN P., *Coachez votre équipe*, Dunod, 2003.

MARCHAT H., *Le kit du chef de projet*, Éditions d'Organisation, 2004.

RODACH G., *Gérer ses priorités et son temps*, Éditions d'Organisation, 2007.

www.ingramcontent.com/pod-product-compliance
Lightning Source LLC
Chambersburg PA
CBHW062043200326
41519CB00017B/5117